今さらだけど、

あらゆるムダを省いたら最難関試験一発合格した！

実践「捨てる勉強法」

公認会計士・心理カウンセラー

谷崎玄明

大和出版

はじめに
今までの勉強法へのイメージを刷新しよう

「日々勉強に立ち向かい努力をしているのに、思うような結果が出せない」

「いつも『三日坊主』。そんな自分に嫌気がさしている」

「勉強をしなければいけない状況を苦痛に感じている」

あなたはもしかすると、今まさに行き詰っている状態であり、それをどうにかして打開したいと思っているのかもしれません。

大丈夫です。

本書を読むことで、それらはすべて解決できます。


はじめまして。谷崎玄明と申します。

わたしは現在、公認会計士として監査法人で働いております。勉強を始めたのは大学2年生の冬でしたが、4年生の11月、公認会計士試験に一発合格しました。

こんなことを書くと、わたしがまるで、勉強好きの頭が良い人だと思われるかもしれませんが、全然そんなことはありません。

謙遜しているのではなく、本当にそうだからです。

大学はほとんど誰も知らない地元の私立大学（当時の偏差値48〜49程度）。

公認会計士の勉強を始めるまでは、真面目に勉強をしたことがありませんでした。

加えて面倒なことが大嫌いなタイプ（これは今もですが）で、勉強をすることや、それを続けることに息苦しさや嫌悪感を抱いておりました。

しかし、そんなわたしが大失恋をきっかけに一念発起、公認会計士になることを目指し始めました。

まずは部屋を片付け、不要なものや勉強の邪魔になるものは一切排除。

次にどのような方法で勉強するのかですが、当時のわたしは、どの予備校の講義をいつ受けて、どういった具合で復習すれば良いのか、まったくわからない状態にもかかわらず、どうしても一発で合格したいと思っていました。

だから、無駄な時間を試験勉強に費やしたくないと、**効果的で効率的な勉強法を探**

しました。また、**勉強法を学ぶだけではなく、習慣術も学びました。**勉強が続かなければ、どれだけ効率的な勉強を続けていっても、絶対に合格できないからです。

しかし**それらを一つひとつ学び試したものの、どれもうまくいきません。**

そうこうするうちに、今度は「計画」という壁にぶち当たりました。

勉強法にも習慣術にも、必ず「適切な計画を立てること」が必要とされます。

さまざまな情報を集めたところ、計画には長期的なもの（最終的な目標、わたしの場合は公認会計士試験の突破であって、まずは短答式試験の突破）があって、それをざっくりと3か月単位ごとに分割したものが中期計画で、その計画を遂行するために、1週間や1か月の短期計画を立てる必要があるようでした。

ほうほう、と顎をさすりながら実際につくってみました。

長期計画も中期計画も、それを実行するために週次計画も、そして日次計画も。

計画をつくったことがある方はわかると思いますが、つくるのは楽しいですよね。

まるで計画をすべてやり遂げたかのような気持ちになります。

実際には何も行動していなくても、頭であれこれと思案して、想像して。

この計画通りに進めれば、「理想の自分になれる」「公認会計士試験に一発合格できる！」と、夢はどんどん拡がります。


そして、夢を精一杯に拡げた計画表を、わたしはどうしたのか。

そう、破り捨てたのです。計画を立て終わってから「できた！」と満足した3秒後には、計画表は粉々（燃えるゴミ）になっていました。


「こんなのは無理だ……やってられない……」

それからは、凡人のわたしでもできる勉強法を、トライ＆エラーで自ら考え始めました。重視したのは、タイトルにもある、**「あらゆるムダ」**を省くことです。

というのも、トライ＆エラーを繰り返すうちに、**これまで常識とされてきた勉強法には、いかにムダなことが多くあることに気づいた**からです。

こうしてわたしは、挫折することなく目標達成する仕組みをつくり出しました。

誰にでも起こりうる変化だからこそ、挑戦してほしい

ところで、ムダには大きく分けて、「**心の力**」「**効率化**」「**習慣化**」という、3つのムダがあることをご存じでしょうか。

じつはこれらを徹底的に省き、捨てることで、自分でも驚くほどの変化が起こり出すのです。

そこで第1章では、「心の力」のムダについて、計画を立てなくてもいいということ、勉強時間が当てにならないことなどについて明かしていきます。読み進めるうちに、「こうであるべき」という常識が掃き捨てられていき、**ムダな思い込みに費やされていた「心の力」を、本来の力に復活させることができる**でしょう。

第2章から第4章では、「効率化」のムダを省くための方法をご紹介します。ここでは、公認会計士の試験会場で、**多くの受験生たちに思わず二度見された、超効率的勉強術「LL勉強法」のやり方にお伝えしていきます。**

そして第5章から第7章では、「習慣化」のムダを省く、すなわちモチベーションややる気がなくても、**スイスイ勉強が進んでいく方法を明かしていきます。**

最後に第8章では、この本の締めくくりとして、わたしがこれまで実践して効果があった仕掛けをご紹介していきます。

これらはどれも巷の習慣術・勉強法の本のどこにも書かれていない、唯一無二の思考法であり、それを勉強法として実践するための方法です。

華々しい学歴が並んでいるような、勉強が得意な人が生み出した勉強法ではなく、勉強よりも寝ることや遊ぶことのほうが好きな、「凡人」のわたしが生み出したものだからこそ、あなたも本書の勉強法に挑戦する価値があると思っています。

なお、これらの勉強法は公認会計士試験だけに当てはまるものではありません。

実際、この勉強法を公認会計士試験後も続けたことで、わたし自身、仕事から人生まで充実した毎日を送っています。

ここでほんの一部をご紹介すると、

- 本業では、企業の経理担当者の方や、経営者などの役員の方々と、仕事を通して数々の難局を乗り越えながらもご満足いただける成果を出していると共に、自分自身もスキルアップの毎日
- 「三日坊主」で悩んでいたのに、今では勉強に限らず、早起きや朝散歩、執筆活動

など、あらゆる習慣化に成功

- 勉強計画を立てることなく勉強を続けられるようになり、ひいては、「ずっとこんなふうに勉強していたい」と思えるようなラーナーズハイ（Learner's high）を経験

いかがでしょう。

大学2年のあの頃では想像もできなかった自分が、今ここにいます。

わたしだけではありません。これらの勉強法を、電子書籍やSNSで発信したところ、「勉強を習慣化できなかった原因がわかった」「明日から勉強をしたくなった」「無理しなくてもよい勉強法で結果が出た」という喜びの声も多数、いただいております。

勉強で成果を上げるために最も大切なことは、何はともあれ、早く自分に合っているものに気づくことです。

この本が、あなたが勉強をするうえで、少しでもヒントになれたとしたら幸いです。

谷崎玄明

1 心の力のムダを省くポイントはこれ！

これまでの“常識”を捨てる 第1章

- **計画に対する思い込み**
  ＝「計画通りに勉強を進めなければ……」
- **勉強時間に対する思い込み**
  ＝「このくらいの時間だけ勉強しなければ……」
- **勉強の苦しみに対する思い込み**
  ＝「苦しいけれど頑張って勉強しなければ……」

2 効率化のムダを省くポイントはこれ！

引き算思考の究極の形「捨てる」勉強法 第2章〜第4章

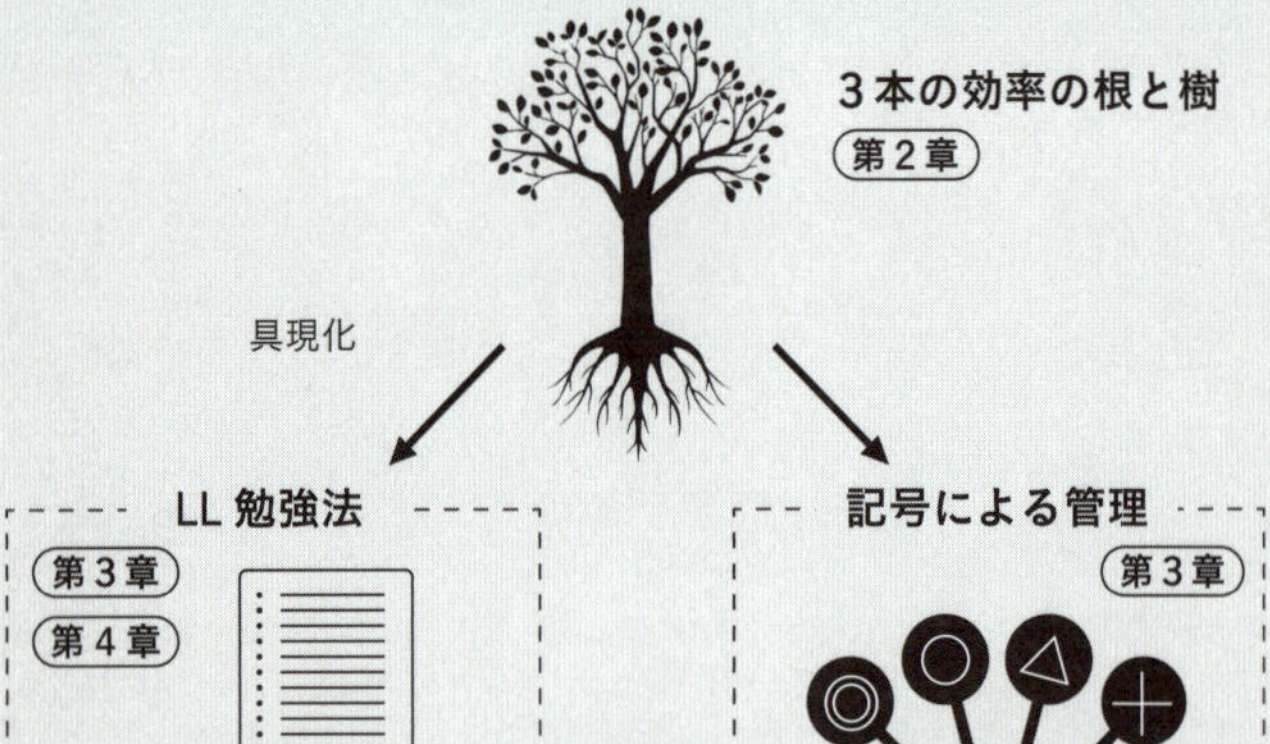

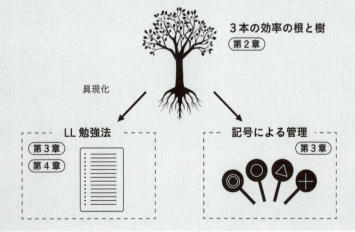

望む結果を手に入れる道筋

あらゆるムダを省くために必要な３つのムダ

● 本当の「勉強道」は
いかにスムーズに滑れるかがポイント

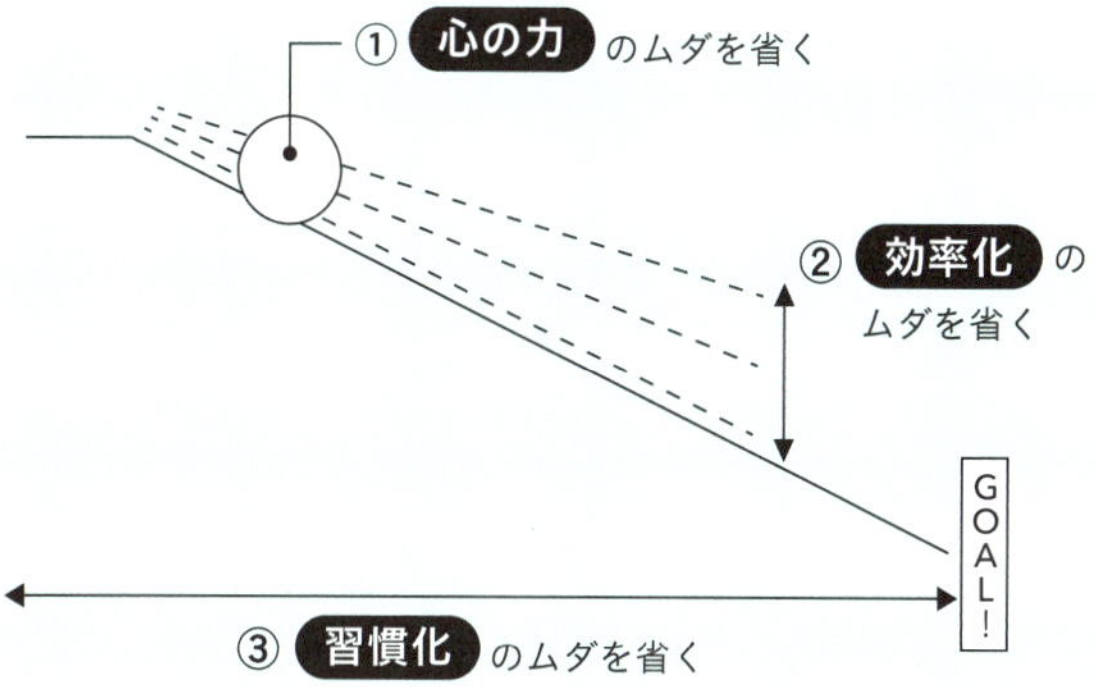

3 習慣化のムダを省くポイントはこれ！

“逆算志向”からの脱却 第５章〜第７章

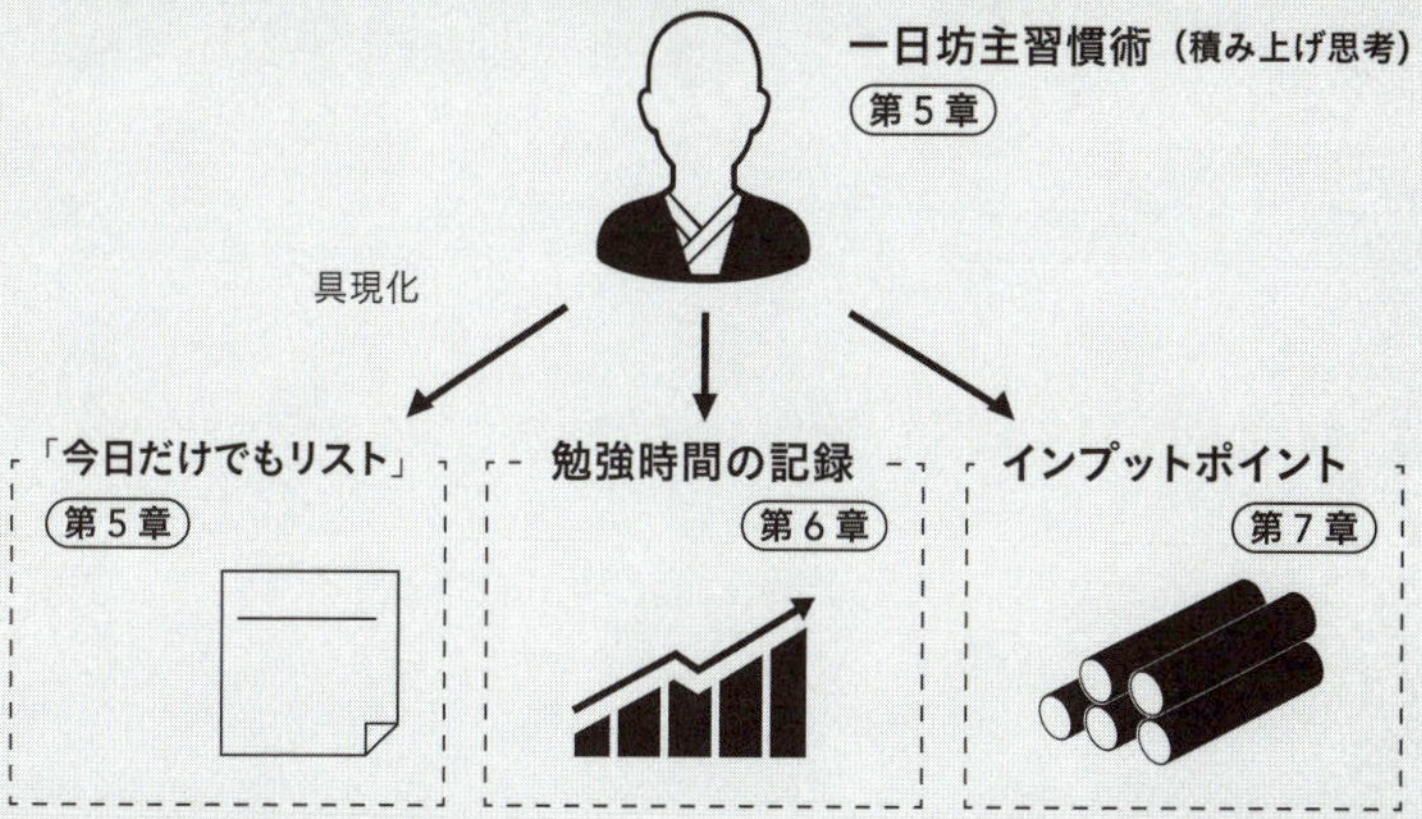

今さらだけど、あらゆるムダを省いたら最難関試験に一発合格した！　目次

第1章

「心の力」のムダを省く

下り坂を「いかにスムーズに滑るか」が成功への第一歩

第2章

「効率化」のムダを省く①

勉強量を減らすために必要な「仕組みづくり」

第3章

「効率化」のムダを省く②

結果が劇的に変わる！「LL勉強法」のすごい秘密

基礎編

第4章 だから理に適っている「LL勉強法」の極意 応用編

「効率化」のムダを省く③

第5章

「習慣化」のムダを省く①

挫折せずに継続できる「一日坊主習慣術」

第6章 「習慣化」のムダを省く②
「能動的記録術」で勉強の苦しみから脱却できる

第7章 「習慣化」のムダを省く③ 「インプットポイント」でスイスイ勉強が進んでいく

第8章 周辺環境を整える

さらに勉強が楽しいものに変わる「仕掛け」を教えます

エピローグ

最後のゴールはこうして手に入れる

ブックデザイン　山之口正和＋永井里実＋高橋さくら（OKIKATA）
本文DTP　白市友美 安田浩也（システムタンク）

プロローグ

勉強への価値観が
ガラッと
変わった瞬間

1

勉強は上り坂ではなく下り坂を意識することで心がラクになる

あなたは今まさに勉強に取り組んでいる、もしくは取り組んでいるけれど、うまく成果が残せていない状態かもしれません。

大丈夫です。

わたしもかつてはそうでした。

しかし、あらゆるムダを省くことで、思い通りの成果を手に入れることができたのです。

3つのムダを省いたから最難関資格に合格した

わたしが考える「ムダ」は大きく分けて3つあります。

1 「心の力」のムダ

勉強を頑張らなければ、と思っていませんか。

歯を食いしばりながら、自分の心を押し殺しながら勉強していかなければ、と思っていませんか。

それらの思い込みは、すべて「心の力」のムダです。潔く捨てていきましょう。

2 「効率化」のムダ

がむしゃらに問題数をこなし、勉強時間を積み重ねていませんか。

効率化をはかろうとしているのに、気づけば、あれもこれもやろうとしてやるべきことが雪だるま式に増えていませんか。

もしそうだとしたら、それは「効率化」のムダです。

「効率とはそもそも何か」というところから、一緒に考えていきましょう。

3 「習慣化」のムダ

やる気やモチベーションを高めれば、勉強することが習慣化されて、容易に試験に合格したり、スキルアップ、リスキリングできると思っていませんか。

残念ながらそうではありません。
わたしも散々苦しんだからこそ、お伝えできることがたくさんあります。

いかがでしょうか。

あなたはこれまで、これらが「ムダ」とは思っていなかったかもしれません。
しかし、わたしは、これらのムダをなくすことで、公認会計士試験に一発合格することができ、今なお、公認会計士として仕事することができています。

そこで、プロローグでは、これらの「ムダ」について、イメージしやすい「勉強道」に沿ってお話ししていくことにしましょう。

心を丸くして勉強道を速やかに滑り降りる

まずは「心の力」のムダについてお話しします。
あなたは「勉強道」と聞いて、何をイメージするでしょうか。

一般的に「勉強道」と聞くと、山道のような上り坂をイメージする場合がほとんどだと思います。

山道を駆け上がり、山の頂まで登り、そこから壮大な景色を眺めるといった具合でしょうか。

または、汗をかき、息を整えながら、安堵の表情を浮かべている姿を想像するでしょうか。苦しかったけど、何とか頑張って登り切ることができた、と。

とんでもない。
あなたの勉強道は登山道ではなく、そもそも上方にはなく、下方にあります。
つまり下り坂です。

「これまで言われてきた勉強のイメージとは真逆ではないか?」と、思う方もいるかもしれません。

そこで、イラストを使いながら説明していきますね。

次頁のイラストをご覧ください。

道の最初は平坦ですが、やがて下り坂になります。下り坂のふもとには「合格」や「目標達成」というゴールテープが張られています。

坂を下るのは、あなたの「心」です。

ここで赤ちゃんの心をイメージしてみましょう。よく言われるように赤ちゃんの心は純粋無垢。「丸い心」とも言い換えられます。

丸い心には摩擦がないので、速やかに滑ります。

しかし、年を重ねるにつれ、あらゆる経験をもとに「それは、こうではないか」「これは、こうであるべき」という思い込みが生まれ、形はどんどん歪んでいきます。

この思い込みは、勉強道を転がるうえでの摩擦となります。

心があらゆる形に変わっていると、当然のことながら、なかなかうまく滑れません。

あまりに形が歪だと、坂の途中で止まってしまい、ふもとまで滑りきることができ

3つのムダを省く

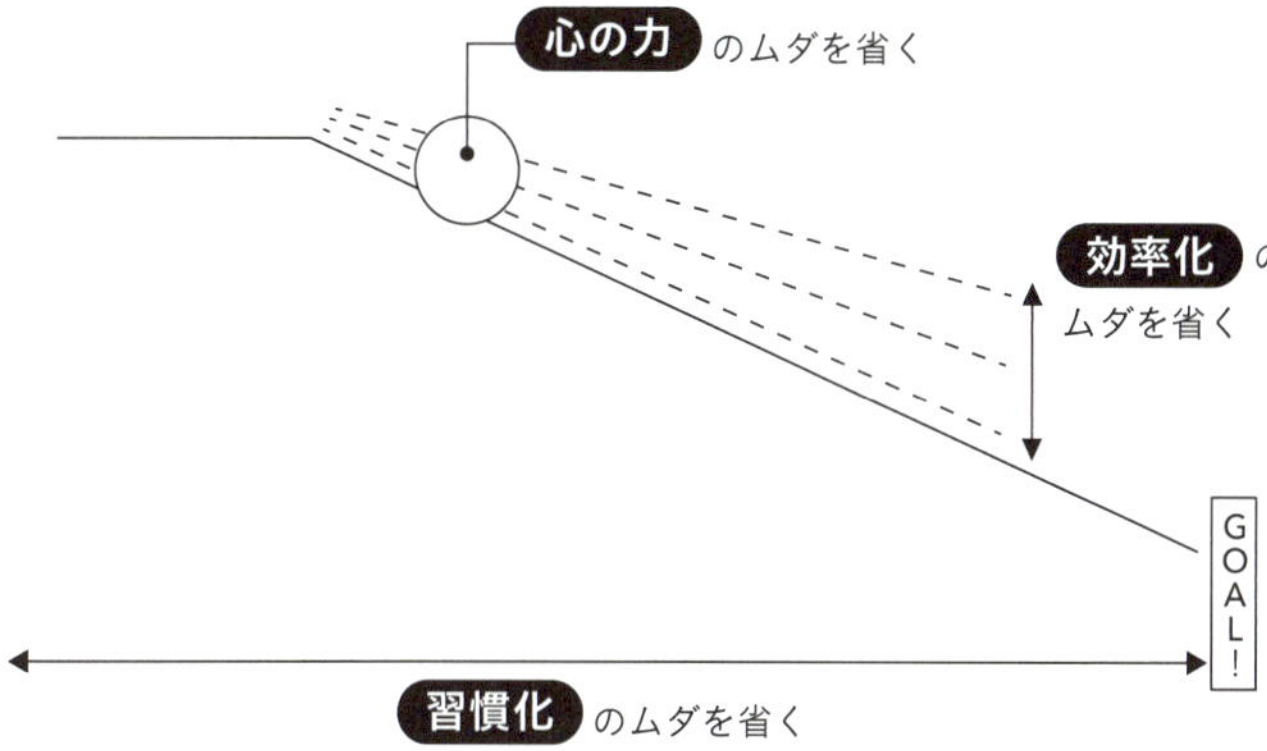

坂を下るのは、あなたの「心」です。前提として、赤ちゃんの心は純粋無垢であって、丸い心です。丸い心には摩擦がないので、速やかに滑ります。

ないこともあります。これが「挫折」と呼ばれる現象の正体です。

心があらゆる形に変わったり、いびつな形になってしまうのは、心が思い込みによって強張っているから。つまり「心の力」のムダが生じているのです。

勉強道を滑り降りるためには「心の力」のムダを省き、心を丸くしていく必要がありますが、この具体的な方法は、第1章でくわしく説明していきます。

ここで概要だけ説明しておくと、あ

る3つの思い込みを捨てることで「心の力」のムダを省くことができます。

そのうえで、もしかしたらあなたは試験に「滑りたくない」と思っているかもしれません。

しかし、実際のところ、逆です。

うまく滑らなければ、短期合格することも、速やかに目標達成することもできません。

試験に不合格になってしまうことを、よく「試験に滑った」と表現しますが、本当のところ「試験までうまく滑れなかった」のほうが正しいとわたしは思っています。

さて、いかがでしょうか。

「勉強道」のイメージができるようになりましたか?

わたしも、公認会計士試験の勉強を始めるまでは「勉強道」と聞くと、必死に上へ上へと登るイメージを持っていました。

しかしこれからご紹介していく勉強法や習慣術を実践していくにつれ、坂を下っていることを実感し、どんどん心が丸くなっていくことを感じていました。

あなたも本書によって、心を丸くして勉強道を速やかに滑り降りていきましょう。

勉強道の傾斜こそが、効率化だった

次に2番目の「効率化」のムダについてお話ししましょう。

先ほどのイラストの通り、勉強道には平坦の箇所がありましたよね。

平坦な勉強道は、テキストや参考書を読み、もしくは講義を受けたりして、新しく知識を身につけるインプット期間とも呼ぶことができますが、ここではあまり効率に差がつくことはありません（もちろん、なるべく平坦な道は短くすべきですが、かといっていくら短くしても、それが効率につながるとは限りません。なお、平坦な勉強道は「効率化」につながりませんが、「習慣化」には大きな意味を持ちます。このことについては、第7章の「インプットポイント」でくわしく解説しています。)。

どれだけ結果に差がつくかは、平坦ではなく、その後の斜面で決まります。

つまり、どれだけ傾斜をつけることができるか、が効率化となるのです。

なお、どれだけ傾斜をつけて、「効率化のムダ」を省き、効率的に勉強ができるかについては、第2章から第4章で具体的に説明していきますが、ここでも概要だけ説明しておくと、3本の「効率の根」を持ち、それをルーズリーフによって具現化することがポイントとなっていきます。

効率化と名のつく方法は世に溢れていますが、ここで説明する内容は、掃いて捨てるほどある効率化の枝葉ではなく、**もっと原理的で普遍的な、樹の幹のような内容**ですので、期待しておいてくださいね。

滑り降りるために必要なのが習慣化

最後は3つめの「習慣化」のムダです。

心を丸くし、勉強道の傾斜をいくらつけたとしても、勉強道が下り坂のふもとまで続いていなければ、つまり習慣化できなければ、誰もゴールテープを切ることはできません。

あなたが何らかの目標達成のために勉強しようと思うとき、当然ながら一朝一夕で身につけたペラペラな知識では太刀打ちできないはずです。

ここで必要となるのは、勉強をすることに加えて、それを毎日続けていくことです。

ご存じの通り、1日だけ勉強をすることは、簡単で、誰にでもできます。

しかし、勉強を続けていくことは、困難で、誰にでもできることではありません。

わたしも長年、続けることができない苦しみを抱えてきました。

勉強であれば、やる気やモチベーションを高めるような動画や本を漁っては、「よっしゃ、頑張るぞ」と息巻いて、その三日後には観たこと、読んだことすらも忘れる始末。

それらはわたしにとっては「習慣化」のムダだったと、今となってはわかります。

これは勉強に限らず、早起きも、朝の散歩も、部屋の掃除も片付けも、すべて同じです。

しかし後ほど紹介する**「一日坊主習慣術」**を取り入れてみたことで、自分でも驚くほどさまざまなことが続けられるようになりました。

今では公認会計士として働く傍ら、執筆活動も3年ほど続けていますが、これも習慣術があるからこそ、です。

なお、この具体的な方法については第5章から第7章にかけてくわしく説明していきますが、概要だけ説明しておくと、習慣化することをあきらめ（一日坊主習慣術）、それをメモ帳という「枠」を使って具現化し、さらに計画を立てる代わりに、たった1つの自分との約束（インプットポイント）を置くだけで、自然と続けられるようになります。

これまで、どうしても勉強が続かなかったのであれば、ぜひ本書の習慣術を取り入れてみてください。

習慣化できるかどうかの違いは、続けるための思考（スイッチ）を入れ替えるだけですが、それだけであなたの続かない悩みは、すーっと消えていくことでしょう。

さて、プロローグのこれまでの内容を「勉強道」に沿って、おさらいしておきます。

まず「心の力」のムダを省くことで、心を丸くすることができます。

さらに「効率化」のムダを省き、勉強道の傾斜をつけることで、さらに速く滑り降

りることができます。

そして「習慣化」のムダを省くことで、勉強道のふもとまで滑り降りることができるようになります。

最初はイメージしにくいかもしれませんが、勉強道を下っている感覚は、本書の内容を実際に取り入れていくことで、おのずとわかってくることでしょう。

あなたも勉強するときは、常に心を大切にし、決して疎かにしないように気をつけてみてください。

それが勉強道を滑り降りるための極意なのですから。

第1章

「心の力」のムダを省く

下り坂を「いかにスムーズに滑るか」が成功への第一歩

1

3つの思い込みを捨てよう

ここからは「心の力」のムダについて説明していきます。

これまで何度か登場している「心の力」とは、集中力や意志力であって、気力です。あなたも勉強をしていて、なんだか疲れた、身体以外のどこかが疲れていると感じたことがありませんでしたか。

実は、そのとき、「心の力」は疲れて弱まっているのです。

「心の力」のムダは3つの思い込みから生み出される

「心の力」にムダがあるということは、**あなたが本来、勉強に費やすべき「心の力」を〝別の対象〟に注いでしまっていることを意味しています。**

ここで挙げられる〝別の対象〟として、思い込みがあります。

思い込みがあると、その思い込みに対して「心の力」を余計に消費させてしまい、それが「心の力」のムダになります。

思い込みには主に3つのものがあります。

- 計画に対する思い込み＝「計画通りに勉強を進めなければ……」
- 勉強時間に対する思い込み＝「このくらいの時間だけ勉強しなければ……」
- 勉強の苦しみに対する思い込み＝「苦しいけど頑張って勉強しなければ……」

これらの思い込みを捨てることができれば、「心の力」のムダを省き、心を丸くすることができるでしょう。

2

こんな思い込みはありませんか？

勉強には計画が必要だ、と思っていませんか。

「計画を立てる」↓「計画通りに実行する」↓「合格（目標達成）する」

と思っていませんか。

残念ながら、いえ、幸いなことに、それ、思い込みです。


「計画通りに勉強を進めなければ……」


わたしも長年のあいだ、「計画を立てなければいけない」と思っていました。

あらゆる計画術を読み、長期目標、中期目標、短期目標を立てて、一日レベルまで計画を立てたこともあります。

しかし次第に、「こんな綿密に、勉強をすることは無理だ」と思い始めたのと同時に、うまく計画を立てることの難しさを痛感しました。

わたしたちが資格や検定試験に合格するための計画を立てるとき、それが「今日」から離れれば離れる（長期間の計画を立てる）ほど、それがきっと叶うという期待が大きくなってしまいます。

計画の客観性は失われ、いつしか「本当に計画通りに進むか」という冷静な自分の判断よりも、「計画通りに進めたい」という願望のほうが強くなります。

このまま計画を立ててしまうと、不鮮明で不明瞭な未来へ期待し、たいていその期待は裏切られることになります。

何度も期待を裏切られ、散々に頭を抱え、悩み、結局、わたしは計画を立てること自体をあきらめました。

「計画を立てなければ、合格（目標達成）できない」という思い込みを捨てて、計画を

立てずに勉強を進めてみたのです。

その結果、心がラクになり、短期合格かつ一発合格につながりました。

だからこそ、今こうして声高らかに「計画なんて不要だ」と自信満々に叫んでいるのです。

さて、ここまで聞いてどう思われましたか。

計画を立てなくても大丈夫と聞いて、肩の荷が下りた気がしませんでしたか。

なんだか心が軽くなった気がしませんか。

その軽くなった気がする分が、思い込みの重さであって、「心の力」のムダの正体です。

計画を立てなければいけないという思い込みは、これまで誰も「計画を立てなくて良いよ」と教えてくれなかったから生じているものです。

誰もがオウム返しのように「計画を立てよ、計画を立てよ」と繰り返し、計画を立てるメリットばかりを強調し、デメリットには目をつぶり続けた結果です。

では、計画を立てずに、どうやって習慣化するのか、どうやって自分を律するのか、なんて真面目な人は思うかもしれませんが、これは後章の一日坊主習慣術やインプットポイントで解決できるのでご安心ください。

ここでは、まず先に**「計画を立てなくても、合格（目標達成）できる」**ことだけを知っておいてください。

それだけで、あなたの心はずいぶんと丸に近づいていることでしょう。

「このくらいの時間だけ勉強しなければ……」

あなたが「このくらいの時間だけ勉強しなければ……」と思うとき、そこには基本的に平均勉強時間が介在しています。

「平均勉強時間だけ勉強するべきだ」「平均勉強時間に足りていないから、もっと頑張らなければ」といった、勉強時間に対する思い込みです。

世の中には「平均」が溢れていますが、平均から始まる言葉には、これから先、なるべく眼と耳を塞いでいきましょう。

平均が、あなたに与えてくれるのは、くだらない比較か、根拠のない自信喪失か、見せかけの幸福か、束の間の安心か、安心の末の慢心や怠惰です。

これは平均勉強時間も同じです。

平均勉強時間は、試験（学ぶ内容）の難易度が上がるにつれて当てにならなくなっていく残念な事実があります。

平均勉強時間が50時間の資格や検定試験の場合、20％の乖離があったとしても10時間の差ですが、３０００時間の場合は６００時間にもなってしまい、平均の幅が大きくなり平均の意味をなさなくなります。

これが平均勉強時間の本当の姿です。

たとえば、公認会計士試験の平均勉強時間は３０００時間から５０００時間で、わたしの実際の勉強時間は3635時間と、平均勉強時間のなかに収まっていますが、これは「一発合格できたから」に他なりません。

もし不合格になって再受験していたとすれば、知識を維持させるために、1年あたり少なくとも2000時間は増えることが想定されます。

その場合は、先ほどの平均勉強時間の上限5000時間を超えてしまいます。

とはいえ、平均が当てにならないことは、絶望ではありません。むしろ希望です。

平均勉強時間に対する思い込みを捨てることができれば、「このくらいの時間だけ勉強しなければ」という思い込みが連れてくる、「苦しさ」も軽減できる。それどころか、平均勉強時間を一切無視したうえで、「自分はどうか」と、主体的に自分の頭で考えることができますからね。

なるべく少ない勉強時間、短い勉強期間で合格してやろう、学びきってやろう。

何かを学ぶためには、そのくらいの勢いが必要です。

また、そもそも平均勉強時間以前に、勉強時間そのものの取り扱いに注意が必要です。

勉強時間の取り扱いについても後章でくわしく説明していきますが、勉強時間は現在および過去における足跡であって、決して未来には存在しないこと。必要以上に拡大しないものであって、拡大させてはいけないもの。

本書を読めば、それがわかるはずです。

「苦しいけど頑張って勉強しなければ……」

最後に紹介する思い込みは、勉強の苦しみに対する思い込みです。

勉強は苦しいものだ。だから頑張らなければいけない。
これは多くの人が陥りがちな感情であって、思い込みです。

勉強が苦しいものだという思い込みは、ほぼ間違いなく学生時代の経験が影響しています。

自分が興味の持てないことを半強制的にさせられ、そのうえに順位まで勝手につけられて優劣を判断される。

人それぞれの固有の魅力は一切考慮されず、答案用紙に吐き出された解答だけで判断される。

これが学歴や義務教育という習俗が生んだ苦しみです。

この経験が、大勢の人の心に苦しみの影を落とし、勉強をすると聞くと、自動的に「頑張らなきゃ」と思わせます。

しかし、このイメージをそのままにしておくのは、とても「もったいない」とわたしは強く思っています。

勉強は苦しいものだ、という思い込みは、「勉強に慣れる」ことですべて解決します。

慣れることについては、あなたもすでに経験済みのはずです。

あなたが学生であれば、新入生として緊張の面持ちで教室の椅子に座っていたときのことを思い出してください。社会人であれば、入社してすぐのときのことを思い出してください。

どうでしたか。最初はストレスが大きかったのに、いつしかストレスを感じなくなりませんでしたか。やがて学校生活や仕事が楽しくなることはありませんでしたか。

これらはすべて慣れていたからです。勉強も同じです。

本書では、勉強に慣れることについて、心の持久的な力である「慣れの力」をもとに、第6章でくわしく解説していきます。

残念なのは「慣れていないから、苦しい」が、過去の思い出と紐づいてしまって、「勉強が、苦しい」となってしまうこと。

この思い込みから脱却するためにも、「まだ慣れていないだけだ」ということを、ここでは押さえておくだけで大丈夫です。勉強が苦しくならないための具体的な方法については、のちほど明かしていきますね。

本書を読み進めていけば、やがて「勉強は苦しい」が「勉強をやめたくない」に変わるはずです。

なぜ、そう言えるのか。

それはわたし自身が「ずっとこんなふうに勉強していたい」という心境にいたったからです。

わたしも最初は、勉強は苦しいものだという思い込みからスタートしました。「苦しいけど、頑張らなきゃ」と思っていました。

しかし、本書の内容に沿って勉強を続けていくうちに、それは思い込みであることに気づきました。

勉強が苦しい、というのは、勉強が苦しみを生み出しているのではなく、自分の心が生み出していることに気づいたのです。

もしあなたが今、勉強に対して何らかの苦しみを感じているのであれば「なぜ、苦しいのか」を明らかにしてみてください。

なかなか勉強が続かなくて苦しいのか、なかなか点数が上がらなくて苦しいのか、もしくは他の理由で苦しいのか。

どのような理由であれ、本書にはヒントや答えが書かれているはずです。

そして興味があるところから、かいつまみながら読んでみてください。

「勉強は苦しいものだ」という思い込みがある限り、「勉強は楽しいものだ」とは到底思えません。

これは雨雲がある限り、晴天のまぶしさを感じることができないことと同じです。

逆に言えば、雨雲さえなくすことができれば、空は晴れ渡り、虹が架かります。

七色に輝く虹（合格、目標達成）を眺めるためにも、早めに今までの思い込みを捨ててみませんか。

第2章

「効率化」のムダを省く①

勉強量を減らすために必要な「仕組みづくり」

1

効率の定義から導き出される「3本の効率の根」

巷には「勉強法」と名のつく本が溢れています。読者は勉強法を探すために、勉強法の本を読みます。では、なぜ勉強法を探すのでしょうか。「勉強法を学ぶため」に勉強法の本を読むことは受験指導者くらいで、通常は想定されません。大多数の共通する目的は「効率的な勉強法を探しているから」ではないでしょうか。それなのに、いつしか勉強法マニア、勉強法コレクターになってしまっては、本末転倒です。

スコップではなくショベルカー

本章では「効率化」のムダを省いた、本当の効率化についてお伝えしていきます。
プロローグでは、勉強道の傾斜こそが効率だとお伝えしました。復習すると、どれだけ傾斜をつけることができるかが効率化となるということでしたね。

では、実際に、傾斜をつけていくためにはどうすれば良いのでしょうか。

もし勉強道が土でできているのであれば、いくらスコップでつついたとしても、傾斜を変えることはできません。でこぼこになってしまって、かえって非効率になってしまいます。

必要なのは、スコップでせっせと頑張ることではなく、ショベルカーで思いっきり掘ることです。

わたし自身、今まで、早く結果を出したいがために、無理に早起きして頑張ってみたり、逆算思考によって計画を立ててタイムマネジメントしてみたり、ポモドーロ・テクニックを活用してみたりなど、**ありとあらゆる効率化できる勉強法を試してきましたが、どれも身になることはありませんでした。**

今になって思えば、これらは、スコップで土をつついているようなものです。

でも、あるとき、「あぁ、このままじゃダメだ」「小手先だけ集めても、勉強が思った通りに進まない」と気づいたことがきっかけで、本当の効率に気づくことができました。

効率的とは、どういうことか

ここで「効率的とは、どういうことか」について今一度考えてみましょう。

コトバンクで「効率的」の定義を調べると「使った労力に対して、得られた結果のほうが大きいさま」とされています。

注意すべきことは、一般的に「効率的」と聞くと、最小の力よりも最大の結果のほうへと目を向けてしまうことです。

もしくは最小の「時間」と考えてしまうことです。

「時間」はあくまでも「力」を投下した結果として生じるものです。あなたがコントロールできるのは、時間ではなくて力です。

効率を考えるうえで目を向けなければいけないのは、あくまでも「最小の力」の消費です。

あれこれ、ではなく、いかに減らすか。足し算ではなく、引き算こそが効率の本質

です。

これは心に沿って考えることで、初めてわかることでもあります。

では、さらに「効率的」の境目をくっきりとさせるために、その逆の視点、つまり「非効率（的）」から考えてみましょう。

「非効率」を生んでいる理由として、次の3つが挙げられます。

1 ムダが多いと、ムダなことに対して「心の力」を注いでしまうから非効率

2 あちこちに動いていると、動くために「心の力」を消費してしまうから非効率

3 「心の力」を注ぐ先がないと、力が余ってしまうから非効率

では、非効率を回避し、効率化するためには、具体的にどうすれば良いのか。

そこで導き出されたものが効率の本質ですが、**ここでは効率の本質を植物にたとえて「効率の根」と呼ぶことにします。**

効率の根は3本あります。戦国武将の毛利元就が提唱した「3本の矢」があるよう

に、根も3本あるのです。「3本の効率の根」とは、

第1の効率の根：減らす――ムダを排除する
第2の効率の根：まとめる――動きを最小限に留める
第3の効率の根：整える――手待ち時間をゼロにする

「減らす、まとめる、整える」と覚えてください。

第1の効率の根を持つことで、もっとも効率化でき、第2の効率の根は、第3の効率の根よりも効率化できるという関係にあります。


たとえば効率の樹があったとして、いくら樹の枝や葉を集めようとも、それで樹が生えることはありません。しかし根を持っていれば、そこから樹が伸びます。何度でも、伸びます。

ただ、これだけ読んでもイマイチよくわからないと思いますので、さらに順を追って説明していきますね。

2 「3本の効率の根」があれば、本当の意味で効率化できる

最も効率化できるのは、減らすこと。

とはいえ、減らすことは、特別なことではありません。

わたしたちの日常生活にも、しっかりと根付いている効率の根を振り返りながら、減らすことについて考えていきましょう。

第1の効率の根：減らす――ムダを排除する

第1の効率の根は、減らすことであって、ムダを排除することです。

たとえば、あなたは毎日、次のような効率の根を張らしながら、生活していませんか。

〈家事の場合〉

- 洗濯機や乾燥機を活用し、服の手洗いや、洗濯物を干す手間を減らしている
- 調理器を活用し、材料を煮る、焼く、混ぜる手間を減らしている
- 食洗機を活用し、皿を洗う、乾かす手間を減らしている

〈仕事の場合〉

- RPA（ロボティック・プロセス・オートメーション）を活用し、データ入力や簡単な判断を自動化することによって、日常業務の手間を減らしている
- 情報収集やアイデア出しを、ChatGPTなどのAIにお願いすることによって、考える手間を減らしている
- 会議の議事録をCopilotなどのAIに自動で作成してもらうことによって、議事録作成にかかる手間を減らしている

ここまでは勉強以外のわかりやすい例ですが、これを勉強に当てはめた場合は、次のような例が挙げられます。

〈勉強の場合〉

- 復習する必要のないわかりきった問題を捨てることによって、繰り返し解くべき重要な問題に集中できる
- 計画を立てないことによって、計画の立案・軌道修正に必要な手間を省く

いかがでしょうか。これが「減らす」という効率の根です。

意識せずとも取り入れていませんでしたか。該当するものがあった場合、なぜ取り入れていたのか今一度、考えてみましょう。

その答えは「**効率的で、ラクだから**」ではないでしょうか。

第2の効率の根：まとめる――動きを最小限に留める

第2の効率の根は、心と身体の移動を最低限に留めること、これは「まとめる」ことであって「**同じ動作を、同じときに**」ということです。

シングルタスクで一意専心に取り組むことや、なるべく身体を動かさないことは、心と身体の移動を最低限に留めるとも表現できます。

そのために必要なことは、まず先に作業を分解し、同質性によってまとめ、同質性のある動作は同時に行うことです。これによって余計な力を消費せずにすみます。

ここでも日常生活での具体例を出しておきます。

心当たりがあるものがあれば、それが第2の効率の根です。

〈家事の場合〉

- 洗濯物を干すとき、洗濯物は、すべて一緒に洗濯機から取り出して、まとめてハンガーや洗濯バサミに吊す
- 料理をするとき、材料はすべて台所の机上に出しておき、すべて同時に皮を剥いて、まとめて切る（皮むき器や包丁を置いたり、片付けたりする手間を減らすことができる）
- お皿を洗うとき、すべてのお皿を同時に擦り洗いし、まとめて水で流す

〈仕事の場合〉

- 更新するファイルが複数ある場合は、先にすべて開いておく
- 日程調整が必要な場合は、複数の案件をまとめて調整する

- 質問がある場合、逐一質問するのではなく、箇条書きにまとめて質問する

これを勉強に当てはめた場合は、次の例が挙げられます。

〈勉強の場合〉

- 講義は小分けにせず、なるべくまとめて受講する
- 理解度に応じて問題を選択し、同時に解く
- 午前中は暗記に徹する、午後は講義を受けることに徹する、などに分ける

いかがでしょうか。

これが「第2の効率の根：まとめる――動きを最小限に留める」です。

こちらも、意識せずとも取り入れていたことがありませんでしたか。特に皿洗いがわかりやすい例でしょう。あなたも、すべての皿を一通り擦り洗いしてから、まとめて水で流しているはずです。

この第2の効率の根は、工場の機械でも活用されています。

プリンをつくる工場でも、はじめから最後まで1つずつプリンを作製する機械は存

在せず、それぞれの工程に分けて、工程ごとに専用の機械が担当しています。

効率の視点から見れば、あれこれと考えながら複雑に作業する人よりも、何も考えることなく単純に作業する機械のほうが圧倒的に上ですが、これはすべて第2の効率の根によって、そうなるように仕組まれているからなのです。

第3の効率の根：整える――手待ち時間をゼロにする

最後は第3の効率の根です。この根は「発生頻度が低い」ことから優先度を低くしています。かといって、この根を見逃してしまうと、極めて非効率になる恐れがあるため、慎重に取り扱うべき根でもあります。ここでも具体例を出しておきます。

〈家事の場合〉

- 朝起きて、先に洗濯機を回してから、朝の支度に取り掛かる
- お湯を使う料理のとき、先にコンロに火をつけてお湯を温めておく
- お風呂に入るとき、先に風呂自動ボタンを押しておき、お風呂が沸くまでの間に寝

間着などを準備する

〈仕事の場合〉

- 作業に必要なデータや資料が揃っているかを確認し、足りないものがあれば先に依頼、収集しておく
- 必要な人員や設備、予算などを確保するために、先に申請や手配をすませておく
- 会議が必要な場合、先に日程を確定させておく

これを勉強に当てはめた場合は、次の例が挙げられます。

〈勉強の場合〉

- 今日、何を勉強すべきかについて書き出しておく
- 復習（アウトプット）に時間をかけたいので、その前に講義やテキスト（インプット）を進めておく
- 講義中に出てきた疑問点については、復習するよりも前に講師に質問しておく

第3の効率の根は「Aをやっておかないと、Bができない場合」における、Aを先にやっておくことを意味しています。

AとBを同時に作業できるのであれば第2の効率の根に含まれますが、Aをやっておかないと、Bをするまでに手待ち時間が発生する場合において、AとBの順序を整えることが第3の効率の根です。

さて、これにて3本の効率の根が揃いましたが、これらは効率についての共通項であって、原理原則です。

この効率の根さえ知っておけば、あらゆる効率化の施策を自ら考え出すこともできます。

では、続く第3章では、これらを踏まえたうえで、わたしが見つけた最も効率的な勉強法、「LL勉強法」についてお伝えしていきましょう。

第3章

「効率化」のムダを省く②

結果が劇的に変わる！「LL勉強法」のすごい秘密

基礎編

1

こうしてLL勉強法は生まれた

これからご紹介していく勉強法は、ルーズリーフ（Loose Leaf）勉強法（以下、略してLL勉強法）です。
自分で問題をつくって解くので「自作問題集勉強法」とも表現できます。

効率の根の栄養をたっぷり蓄えたLL勉強法

LL勉強法が効率的な勉強法なのは、前章でお伝えしてきた「効率の根」から導き出された、**究極の「捨てる」勉強法**だからです。

LL勉強法の具体的な方法は後ほどご紹介しますが、名前の通り、LL勉強法ではルーズリーフを大量に使用します。

ルーズリーフは自由に破り捨てることができるので、この特性を利用して、もう解かなくても良い問題やルーズリーフを次々と破り捨てることによって、どんどん「減らす」ことができて、効率化していきます。

また、テキストや参考書、既製の問題集、過去問をすべてルーズリーフに集約することができるので、教材を「まとめる」ことができます。

さらに、問題を理解度に応じて記号で管理することによって、より一層「まとめる」ことができます。

このように、「捨てる」ことができて、「まとめる」ことができることからも、ＬＬ勉強法が先ほどの３つの効率の根のうち、第１と第２の効率の根のいずれの根の栄養も取り入れた、効率的で実践的な勉強法であることがわかります（なお、第３の効率の根は、第７章の「インプットポイント」で補完していきます）。

ルーズリーフの日本語訳は「ゆるい葉っぱ」ですが、効率の根からすくすくと育った太い樹と、そこに青々と茂ったゆるい葉っぱこそがＬＬ勉強法なのです。

きっかけは中学生時代の「赤ペン勉強法」だった

ここで、LL勉強法が誕生したきっかけをお話しします。

LL勉強法の前身は、多くの学生の方にも馴染みのある、赤ペンで覚えたいことを書き、それを赤シートで消す勉強法（以下、赤ペン勉強法）です。

わたしも中学生の頃は赤ペン勉強法で勉強しており、この勉強法を公認会計士試験の勉強でも用いようとしていました。

しかし、この勉強法には少なからず欠点があり、その欠点は勉強期間が長くなるにつれて膨らんでしまうのではないかと考えました。当時考えた欠点は次の通りです。

- 赤ペンの種類によっては赤シートで消えきらない（目を凝らすと、見える！）
- 赤ペンのインクが切れた（もしくは手元にない）場合、勉強が進まない
- 赤ペンと赤シートの持ち運びが常に必要なので面倒
- 赤色ばかり見過ぎると眼への負担が心配になる
- 赤字で書く箇所の修正が難しい（主に下線の上に書くのでスペースが限られる）

これらの欠点を克服するために工夫した結果、辿り着いた先にあったのが今回のLL勉強法でした。

ルーズリーフの徹底活用ですべて解決した

LL勉強法であれば、先ほどの赤ペン勉強法の欠点も克服することができます。

目を凝らしても見えず、赤ペンのインクが切れても影響はなく、赤ペンと赤シートは不要で、眼の心配もいらず、修正も容易です。

こうしてオリジナルな勉強法が生まれたのです。

当初、わたしはLL勉強法の効果を調べました。

客観的にも本当に効果が認められているのか、自信がなかったためです。

しかし**どこのサイトにも見つからず、どこの勉強法の本にも書いてありませんでした。**

テスト効果（テストを受けることで、学習内容の記憶定着や理解が促進されること）が最も近いものでしたが、かといってテスト効果を最大限に高めるような具体的な勉強法は見当たりませんでした。

だからこそ、わたしはこの勉強法を実践し、自ら効果を証明していくしかないと思ったのです。

この先、ＬＬ勉強法について書かれていることは、どの研究報告を読んでも、どの勉強法の本を読んでも書かれていない内容です。

つまり完全オリジナルな勉強法です。

この勉強法をそのまま取り入れるか、工夫して取り入れるかはお任せします。

また、わたしが当時、ルーズリーフを活用していたことから、ルーズリーフに限って説明していきますが、たとえばシステム手帳のリフィルなどの切り離せる紙であれば、ＬＬ勉強法のメリットをすべて享受でき、綴じられたノートが絶対ダメ、というわけでもありません。

大事なのは、手書きで問題をつくって解くという行為ですので。

余談となりますが、公認会計士試験当日、ルーズリーフの束を机の上に置いていたところ、わたしの座る席の前後、左右、席の横を通り過ぎる人が皆、この束とわたしを二度見していました。

二度見どころか立ち止まって見ていた人もいました。

ほとんどの人がテキストや既製の問題集を持っていくなか、今まで見たこともないルーズリーフの束に驚いたのかもしれません。


いずれにせよわたしはＬＬ勉強法について大きな自信をもっており、胸を張ってオススメできます。

なぜならＬＬ勉強法は、平凡な大学生を公認会計士試験に、短期合格かつ一発合格させた実績を持つほどの、極めて精錬された、最も効率的な勉強法なのですから。

2 実際につくってみよう

問題を自分でつくる方法はとてもシンプルです。
ここからは、実際のやり方についてご紹介していきましょう。

表が問題、裏が答えでシンプルに

イラストで説明すると、次のようになります。

ポイントは文字数を少なくしていくこと

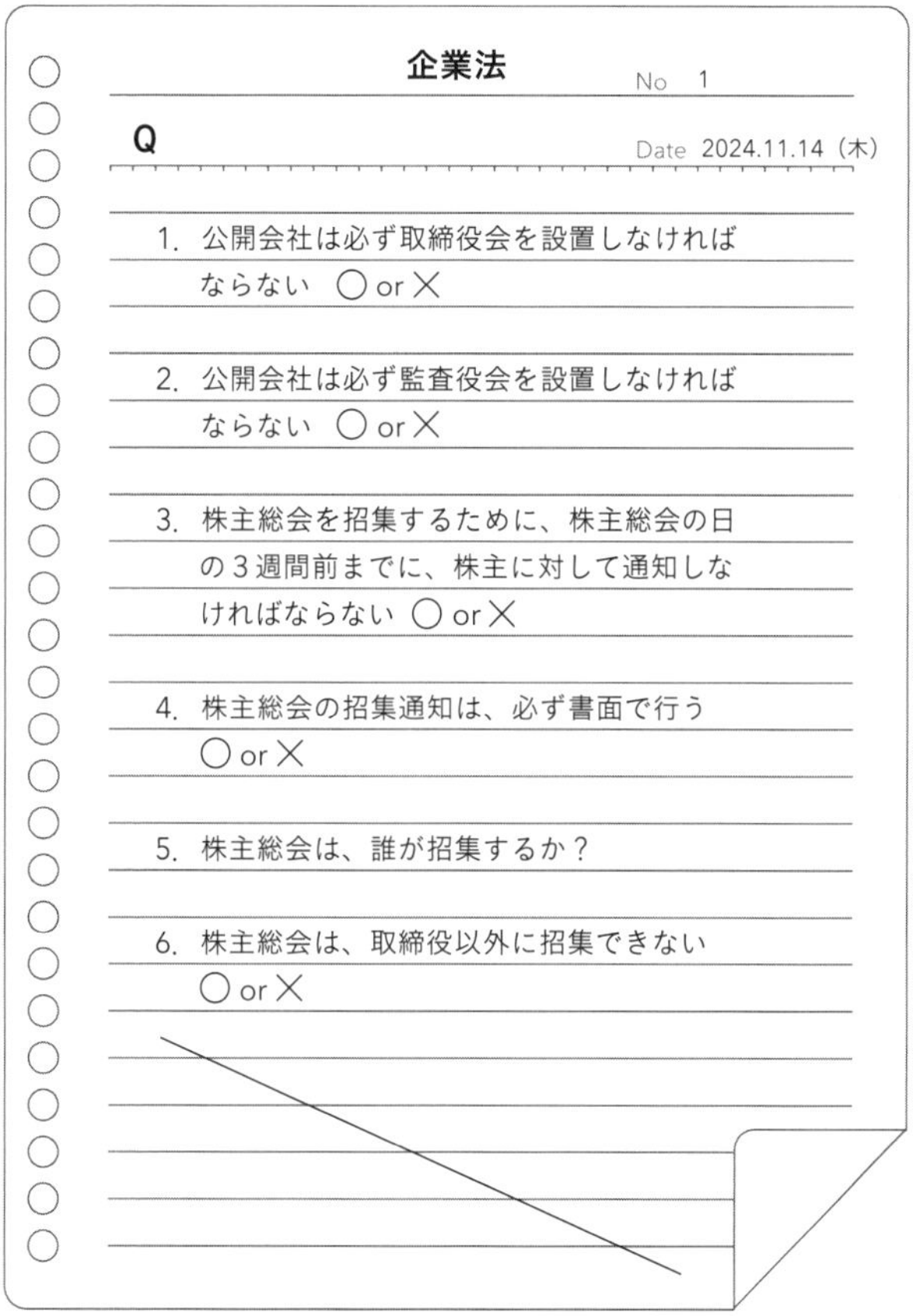
企業法
No 1
Q
Date 2024.11.14（木）
1. 公開会社は必ず取締役会を設置しなければならない ○ or ×
2. 公開会社は必ず監査役会を設置しなければならない ○ or ×
3. 株主総会を招集するために、株主総会の日の3週間前までに、株主に対して通知しなければならない ○ or ×
4. 株主総会の招集通知は、必ず書面で行う ○ or ×
5. 株主総会は、誰が招集するか？
6. 株主総会は、取締役以外に招集できない ○ or ×

表面の問題を最後の行まで書き終える前に、裏面の答えがルーズリーフを埋めた場合、表面の余白の箇所を1本の斜め線で削除します（答えの場合も同じ）。

手書きだからこそ、自由にわかりやすくまとめることができる！

A

1. ○
2. × 一般監査等委員会や三委員会でも可

公開会社の機関設計

株主総会＋取締役会＋会計監査人＋監査役会

〃 ＋監査等委員会

〃 ＋三委員会

3. × 2週間前。公開会社以外は1週間前で構わない。
4. × 取締役会設置会社の場合は書面必須だが、それ以外の場合は必ずしも書面である必要はない。

取締役会設置会社であっても、株主の承諾があれば電磁的方法により通知できる

5. 取締役。必要がある場合にいつでも招集できる。
6. × 総株主の議決権の100分の3以上の議決権を6か月前から引き続き有する株主は、取締役に対して株主総会の「招集を請求」できる。

請求の後、以下①②に該当する場合は、裁判所の許可を得て、自ら株主総会を「招集」できる。

① 遅滞なく招集の手続が行われない場合

② 請求があった日から8週間以内の日を株主総会の日とする株主総会の招集の通知が発せられない場合

イラストで十分に伝わっているとは思いますが、ここからはイラストに沿って、補足として説明していきます。

〈準備〉

- ルーズリーフを用意し、表面の左上に「Q（Questionの頭文字）」を書く
- 表面の上部の中央に科目名を書く
- 表面の右上に今日の日付を書く

※作成日付が2日にまたがる場合は、下に続けて記載しましょう。

〈問題と答えをつくる〉

- 表面の左端に番号、その右に問題文を書く

※省略した表現（○or×など）で記載することで、作問スピードが上がります。

- ルーズリーフを裏返し、裏面の左上に「A（Answerの頭文字）」を書く
- 左端に番号、その右に答えを書く

〈仕上げ〉

- 問題（表面）、答え（裏面）のいずれかが最後の行まで達した場合、達していないほうの余白を斜め線で削除する

※これによって「そのルーズリーフにまだ問題や答えを書くことを想定しているのか」もしくは「もう書くための余白がないのか」が明らかになります。

ここまでがLL勉強法における作問方法のすべてです。

シンプルだったと思います。

どうせいつか捨てるルーズリーフなのですから、余計にあれこれ書かないようにしましょう。

最初から完璧を目指さないように気をつける

LL勉強法で最も注意すべき点は、最初から完璧を目指さないことです。

たとえば、最初の段階から、テキストや参考書の端っこに、「注意書き」として書かれている内容まで作問しないように気をつけましょう。

心がけるべきことは「大↓小」の流れです。

まずは「概要としての非常にざっくりとした問題(大きな問題)」を作成します。

具体的には、章全体の内容や節全体の内容についてざっくりと問うような問題です。ここでは細かさや丁寧さよりも、とにかくスピードを意識して作成します。

箱となるような大きな問題をつくっておいて、その問題を考えずに解けるようになってから、くわしい内容を問う問題を作成したとしても、遅くはありません。

そしてこれこそが、LL勉強法の真髄とも言えます。

なぜなら、既製の問題集では、ざっくりとした問題を作成することも、解くことも不可能だからです。

既製の問題集では、最初からくわしい内容を問うものばかりで、ざっくりとした問題はなく、あったとしても、どこにあるかわかりませんよね。

また、作問内容に限らず、文字のキレイさも完璧を目指さないように気をつけましょう。

ルーズリーフに書く文字は殴り書きで構いません。あなただけが読めれば大丈夫です。

わたしが作成したルーズリーフも、誰にも読めません。

上下を反転させてみると、わたしでも読めません。「エジプト文字（ヒエログリフ）です」と紹介されても違和感はありません。

ちなみに汚い文字のほうが、かえって記憶に残るという事実は第4章『ＬＬ勉強法は理に適っていた!?』で後述していきますので、楽しみにしておいてください。

クリアファイルで保存すれば自由に入れ替えできる

次にルーズリーフの保存方法について説明していきます。

わたしは大量のルーズリーフを「透明」のクリアファイルで、「科目ごと」に保存していました。

具体的には、付箋の裏側の「粘着材料の付いていない部分」に科目名を書き、科目名が見えるようにクリアファイルの表側の内側に貼り付けておくことで、科目名がわかるようにしていました(思いきってシールを貼る方法もあると思いますので、そこは自由に決めてみてください)。なお、科目数が少ない場合は無理して分けて管理しなくても、1つのクリアファイルにすべて入れる方法で大丈夫です。

また、バインダーは不要です。

ルーズリーフの左端にはバインダーにまとめるための小さな穴がありますが、LL勉強法においては利用しません。

LL勉強法では何度もルーズリーフの表と裏を行ったり来たりします。そのとき、バインダーに挟んでしまうと、裏返しにくくなってしまうためです。

さて、これまでに作問方法と保存方法を説明してきましたが、ハードルが低いと思ったのではないでしょうか。その通りです。

「大→小」さえ間違えなければ、比較的簡単に問題を作成でき、クリアファイルに挟むだけなので保存も簡単です。

LL勉強法が、とても取り入れやすい勉強法であることがわかれば、あとは実践するだけですね。では次に、実際に問題を解いていくときの話へ移りましょう。

3 記号で管理すれば、減らす効果を最大化できる

ＬＬ勉強法では、ただ闇雲に問題を解いていけば良いのではありません。「減らす仕組み」が組み合わせられて初めて、真価が発揮されます。「減らす仕組み」とは何なのか、くわしく説明していきますね。

1問ごとの走り書きで迅速化

前章にて、第1の効率の根として「減らす」ことを挙げましたが、これを実践に落とすために必要なのが、これから紹介していく「記号による管理」です。

記号による管理とは、ＬＬ勉強法で作成した問題を解いたときに、その理解度に応じて、1問ごと（ルーズリーフ1枚ごとではないことに留意してください）に記号を走り書きしていくことを意味しています。

○や×など記号を入れることで理解度が一目瞭然

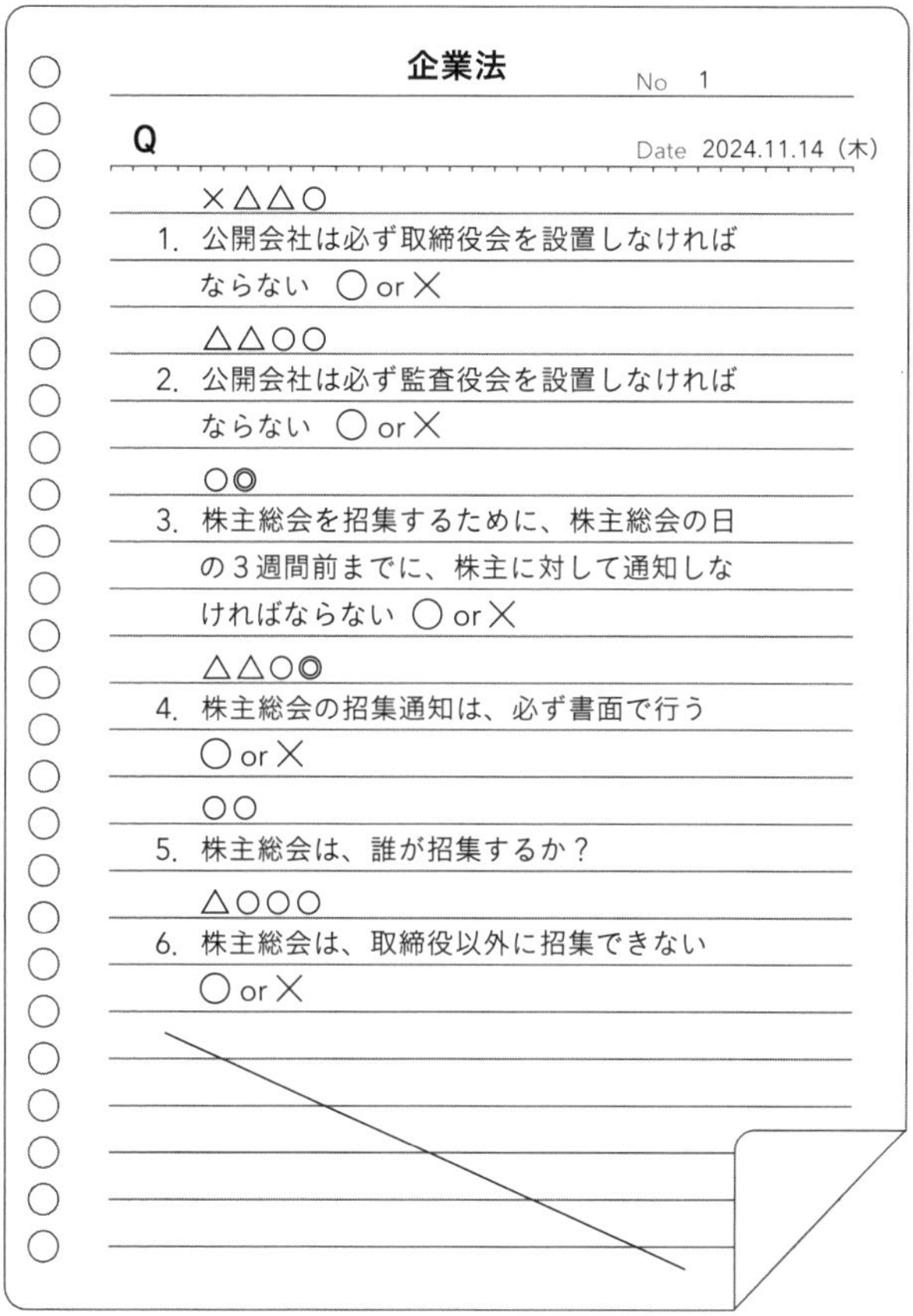
企業法
No 1
Q
Date 2024.11.14（木）
×△△○
1. 公開会社は必ず取締役会を設置しなければならない ○ or ×
△△○○
2. 公開会社は必ず監査役会を設置しなければならない ○ or ×
○◎
3. 株主総会を招集するために、株主総会の日の３週間前までに、株主に対して通知しなければならない ○ or ×
△△○◎
4. 株主総会の招集通知は、必ず書面で行う ○ or ×
○○
5. 株主総会は、誰が招集するか？
△○○○
6. 株主総会は、取締役以外に招集できない ○ or ×

具体的には次のように記載します。

記号の種類に絶対的な正解はありませんが、わたしは次の記号と意味を利用していました。

〈記号の意味〉

◎：答えや解説を見ずに解くことができて、今後、間違える可能性も極めて低い問題

○：答えや解説を見ずに解くことができた問題

△：一部引っかかりがあったが、答えや解説によって次回は解けそうな問題

×：間違えた問題、答えや解説を読んでも理解しきれていない問題

記号の色は、すべて黒で書いていました。こうすることで1問ごとのペンの持ち替え（多色ボールペンであれば芯の入れ替え）が不要になります。

また、これは補足ですが、わたしは問題を解くとき、ルーズリーフの他に白紙のノートを用意し、そこに答えを書き殴る方法で問題を解いていました。

これを採用するかどうかも、選択の余地があるかと思います。

書くことに慣れてしまうと、ついついに何かを書き殴りたくなることがあったので、わたしはその衝動をノートへぶつけていましたが、そうでないのであれば、頭のなかで解いたほうが速く、より効率的かもしれません。

「捨てる基準」で選択と集中が可能になる

記号だけ書いても、それだけでは「減らす仕組み」としては機能していません。

減らすためには記号を活用して、どんどん「もう解かなくて良い問題」を判別できるような「捨てる基準」を設ける必要があります。

基準に当てはまった問題は、問題文の上に横線を引いて、問題を捨てていきます。

これによって問題の総量を減らし、解くべき問題に集中する（より多くの「心の力」を注ぐ）ことができます。

具体的な「捨てる基準」ですが、わたしの場合は、まず◎が3回続けば、必ず捨てていました。

また◎が2回続いた段階、もしくは◎→○→◎でも捨てる候補にしていました。ルーズリーフの枚数が増えすぎていると感じた場合は、○が2回続いた段階でも捨てていました。

このように、基準を絶対視しないように、残っている問題の数やルーズリーフの枚数が増えすぎないように気をつけながら対応していきましょう。

こうして問題を次々に捨てていくと、ルーズリーフ上の「捨てられた問題」の数と割合が多くなっていきます。

ルーズリーフに書かれている問題すべてを捨てることができた場合は、ルーズリーフごと破り捨てます。

もしくは8割程度以上の問題を捨てられている場合は、ルーズリーフの枚数を減らすために他のルーズリーフへ転記しましょう。

転記が手間にも思えるかもしれませんが、転記する時点で自動的に「解いている」ので復習が1回だけ増える、と肯定的に捉えることが肝心です。

記号の遷移を眺めれば本当の実力がわかる

記号を書いていくと、記号が右に連なっていきます。**これが記号の遷移です。**

この遷移は、〝問題を解くとき〟には、特に意識しなくても良いのですが、〝問題を捨てるとき〟は、ぜひ意識してみてください。

問題を捨てるまでに辿る一般的な記号の遷移は、×→△→○→◎ですが、すべての問題がこの通りに遷移するわけではありません。あくまでも例示ですが、次の記号の遷移には注意が必要です。

〈注意すべき記号遷移〉

パターン1:△→○→×→△

○から一度×に戻っていることに着目します。○から×に戻ったあと、また△になっているということは、明らかに理解できていない問題であって、一度○にした理由も含めて要注意の問題とすべきです。

パターン2：×↓×↓○

基本的に×から○へ変わることは可能性として低く、また×が2回続いてから○に変わることは極めて稀です。この場合、○の次に△が来る場合が多く、ずっと△が続く可能性もあります。

パターン3：○↓○↓×

パターン2とは逆の遷移ですが、○が2回続いたあとに×が続くことも可能性が低いです。せめて△に落ちることはあっても、それを飛び越えて×になっているということは、明らかに理解できていない、もしくは前回までは理解できていたと思っていたけれど、実は理解できていなかった問題だということです。

パターン4：○↓○↓△↓△

緩やかに○から△へと安定している遷移です。○↓○↓△↓○であれば一時的な暗記漏れとして片付けることができますが、△が続くということは、あやふやな理解や暗記を意味しています。**あやふやな理解や暗記は、特に資格や検定試験では命取りとなるため、注意が必要です。**

勉強を続けていくと、同じような遷移を見かけることがあると思います。そのとき、ぜひ今回の例示を思い出し、「本当に理解して○をつけているのか」「本当に×で良いのか」「この問題は注意が必要そう」などと自分で考えてみてください。**考える過程で、本当の自分の実力を客観的に知ることができます。**

また、注意が必要でありそうな問題は、蛍光マーカーで色をつけてみましょう。これもルーズリーフだからこそ、ためらうことなくできることですが、こうすることで簡単に自分に対して注意喚起できますよ。

問題集の回転にも効く

記号による管理はルーズリーフに限らず、あらゆる教材に活用することができます。たとえばテキストの目次を使用して、章や節ごとに記号で管理する方法もありますが、これはわたしが採用していない方法なので紹介できません。

ここでは、わたしが実際に計算科目・論述科目に採用していた、「既製の問題集の回転」に限って紹介していきます。

既製の問題集を記号によって管理するには、「既製の問題集の問題ごとに、記号を直接書く方法」と「記号一覧表を作成して、まとめて管理する方法」の2つの方法があります。

「既製の問題集の問題ごとに、記号を直接書く方法」は、LL勉強法で問題番号の近くに記号を書くことと同じイメージです。記号は回数を重ねるほど右に伸びていくので、できれば横に空白が多い箇所に書きましょう。

次に「記号一覧表を作成して、まとめて管理する方法」は、次頁のようなイメージです。

一覧にすると見やすくなる

問題集管理表

No

Date

1-1	×△○○	5-1	×△△
1-2	△△○	5-2	×△○
1-3	×△○	6-1	×△○
1-4	×△○	6-2	×△○
1-5	△△	6-3	△
1-6	×△○	6-4	×△○
2-1	×△	6-5	△○○
2-2	×△	7-1	×△△○
2-3	××△○	7-2	×△
3-1	△△	7-3	△○△△
3-2	×△○	7-4	×△
3-3	×△	8-1	×△
3-4	△○○	8-2	×△
3-5	△△	8-3	△△△○
4-1	×△		
4-2	○△○		
4-3	×△○		
4-4	×△△		
4-5	△△○		

上の表では、２列で管理していますが、問題の数が少ない、もしくは繰り返し解く回数が多いときは、１列で管理していくようにしましょう。

記号の種類は、ＬＬ勉強法と同じものを使用していますが、色は◎、○が赤、△が黒、×が青と、明確に色分けしていました。

これはなぜかというと、計算科目・論述科目の既製の問題集では、基本的に1問ごとにじっくりと解いていくので、「走り書き」で記号を記載する必要がないからです。

さて、2つの方法を説明しましたが、どちらを採用すべきなのでしょうか。

どちらもメリット・デメリットがあるので、左記を参考にしながら決めてみてください。

「既製の問題集の問題ごとに、記号を直接書く方法」

〈メリット〉

問題集で完結するので、余計な資料（記号の一覧表）を増やさずにすむ

〈デメリット〉

該当の問題のページを開かないと、記号の遷移を確認できない

「記号一覧表を作成して、まとめて管理する方法」

〈メリット〉

一覧して記号の遷移を見渡せるので、どの問題を解くべきかが一見してわかる（一覧性がある）

〈デメリット〉

余計な資料（記号の一覧表）が別途、増えてしまう

なお、わたしは余計な資料を作成したくない思いがあったことから、公認会計士試験の勉強を始めてしばらく（およそ1年）は、「既製の問題集の問題ごとに、記号を直接書く方法」を採用していました。

ただ、問題集を解く機会が増えていくにつれて、一覧性が必要だと感じたことから、「記号一覧表を作成して、まとめて管理する方法」へと変えました。

すべては、あなたの心がラクかどうかを判断基準として進めてみてください。

そうすれば、繰り返し解くことが「苦」ではなくなるどころか、記号による管理を

うまく活用できれば、ジグソーパズルを埋めるように、どんどん×の数が減っていき、○や◎の数が増えていくことに喜びを覚えることができるでしょう。

それが楽しさにつながりますよ。

4 書いて覚えるのではなく、つくって解いて覚える

本章の最後に、ＬＬ勉強法の目的について述べておきます。
ここで主張しておきたいのは、ＬＬ勉強法は、書いて覚える勉強法ではなく、つくって解いて覚える勉強法だということです。

Phase1 ―― つくって、理解する

ＬＬ勉強法は書く勉強法ですが、書いて覚える勉強法ではありません。

書くことが覚えることに結びつくのではなく、つくって解くことが覚えることに結びつく勉強法です。

これがＬＬ勉強法の忘れてはいけないことであり、基礎となる概念です。
つくって解くことについて、ＬＬ勉強法は次のPhaseに分けることができます。

1 つくって、理解する
2 解いて、思い出す
3 繰り返して、定着する

ただ問題をつくって解くだけですが、実は３つの段階それぞれに効果が認められています。

まずは「Phase1――つくって、理解する」です。

実はここに見落とされがちな、ＬＬ勉強法の魅力が詰まっています。

あなたがテキストや参考書から問題を作成する場合、ある程度の理解が必要となります。

完全な理解は無理ですが、かといって理解度ゼロの箇所について問題をつくることも無理です。

つまり問題をつくることができている時点で、その箇所についての理解はゼロを超えており、また、問題をつくる過程で「書き出す」ので、書き出された問題を見て、さらに理解が進みます。

これは、頭であれこれ考えても何も思いつかなかったのに、書き出した途端に頭が整理されていくことと同じです。

また、先ほど「最初から完璧を目指さないように気をつける」とお伝えしましたが、まずは「概要としての非常にざっくりとした問題（大きな問題）」を作成していきましょう。

問題の単位が大きいほど、作問のために高い理解度が必要となるので、自然と理解

が進むようになっています。

もしかしたら、自分で問題をつくると聞くと、二度手間で、億劫で、単純作業のように思えるかもしれません。

しかし、それはあくまでも既製の問題集からルーズリーフに転記するなど、何も考えずに問題を作成した場合です。

LL勉強法では、問題集から転記することはありません。

あくまでもテキストや参考書などの俗にいう「インプット教材」から、自分の手でオリジナルな問題をつくります。すでにどこかに書かれている問題を書き写すのではなく、新たに生み出します。

だからこそ、つくる過程で、自然と理解できるのです。理解しようとして理解するのではなく、いつの間にか理解している。これこそがLL勉強法の魅力です。

いかがでしょうか。

ＬＬ勉強法が、決して書いて覚える暗記偏重の勉強法ではなく、理解力の向上も期待できる勉強法であることが、ここでおわかりいただけたのではないでしょうか。

Phase２――解いて、思い出す

次に「Phase２――解いて、思い出す」です。

自分で作成した問題を、自分で解くときには必ず「思い出す」作業が必要となります。これを正式には「想起学習」と呼びます。

テキストや参考書をひたすら読む勉強法（インプット主体の勉強法）よりも、想起学習を活用した勉強法（アウトプット主体の勉強法）のほうが効率的なことは、巷の勉強法でも述べられていることで、本書で改めて説明する必要性はないでしょう。

いずれにせよ、本書で紹介していくＬＬ勉強法は、想起学習であって、最も効率的な勉強法であり、これに先述の「減らす仕組み」を組み合わせていくことで、さらに効率化していくことだけ知っておいてください。

「想起学習」と「減らす仕組み」を掛け合わせた勉強法は、わたしの確認した限りではLL勉強法以外にはありません。

だからこそ、オリジナル勉強法であって、絶大な効果を有する勉強法なのです。

Phase3——繰り返して、定着する

最後は「Phase 3——繰り返して、定着する」です。

LL勉強法では、自作問題を繰り返し解いていきます。問題をつくり始めた日から試験日まで、なるべく毎日解いていきましょう。

とはいえ、毎日、ルーズリーフの束を1周させ、すべての問題を1回ずつ解いていく必要はありません。

決まった枚数や、決まった問題数だけ解く必要もありません。

どうしても時間がなければ、1日に1問でも、2日に10問でも、そのくらいでも構いません。

大事なことは、少なくても、解いていくことです。

実はルーズリーフに作成した問題には、消費期限があります。期限は、およそ2週間です。

2週間ですべての問題を1周させるためには、やはりなるべく毎日解いていくことが推奨されます（もし2週間以上空けてしまうと、自分で作成したはずの問題が、まるで他の誰かが作成した問題に見えることもあり、ゼロから解かなければならない印象になります）。

さて、3つのPhaseと、それぞれの効果を確認しましたが、「書いて覚える勉強法」とは明確に違うことがおわかりいただけたでしょうか。

小学生や中学生の頃に嫌だった勉強法に、漢字や英単語をひたすら書いて覚えるものがあったと思います。

この嫌な思い出によって、書くことに苦手意識を持ってしまうことは仕方ありません。

しかし、LL勉強法が「書いて覚える勉強法」ではないことがわかれば、毛嫌いせずに取り入れることができます。

何か文字を書く勉強法だからといって、試さないことはとてももったいないことです。

苦しみの思い出を乗り越えるためにも、ぜひ試してみませんか。

第4章

「効率化」のムダを省く③

だから理に適っている「LL勉強法」の極意

応用編

1

ＬＬ勉強法のメリットはこんなにある

この章では、ＬＬ勉強法の「応用編」と題して、取り組むことで得られるメリットやデメリット、後半ではＬＬ勉強法の科学的根拠や、よく聞かれるご質問について紹介していきます。

まずは、ＬＬ勉強法の最大のメリット。それは、「いつでも捨てることができる」ことです。

いつでも捨てることができる

ＬＬ勉強法の最大のメリットは、「いつでも捨てることができる」ですが、このメリットは次の３つに分けることができます。

- 捨てる↓見なくてもすむ↓勉強効率をさらに向上させる
- 捨てる↓実際の動作に落とし込む↓効率の根を「見える化」できる
- 捨てる↓勇気と覚悟が必要↓記憶に残りやすい

〈勉強効率をさらに向上させる〉

これは第2章の「第1の効率の根：減らす――ムダを排除する」とも大きく関連しますが、問題やルーズリーフを捨てることで「解かなくてもすむ」だけではなく「見なくてもすむ」まで減らすことができて、これによって「見る」ための心の力を使わずにすみます。つまり結果的にムダを省くことができるのです。

〈効率の根を「見える化」できる〉

「減らす」を〝物理的に捨てる〟という実際の動作に落とし込むことは、先ほどお伝えした、第1の効率の根の「見える化」とも表現できるでしょう。

ただ減らそうと心がけることと、実際に行為として減らすことには大きな違いがあります。

たとえば心理学では、心にモヤモヤがあるときに感情を紙に書き出し、紙ごとゴミ箱に放り込むというストレス解消・回避方法があります。これは実際に「減らす」を捨てる動作に落とし込んでいるからこそ、効果があるのです。

もう解かなくても良い問題やルーズリーフを実際に捨てることは、達成感を得ることにもつながりますよ。

〈記憶に残りやすい〉

ルーズリーフを捨てるときのあなたの心には「もしかしたら、捨てたあとに忘れてしまうかもしれない」「覚えたと思っていても、本当にそうなのか確信が持てない」という不安があると思います。

しかしその不安を振り払って、勇気と覚悟をもって捨てた経験は、印象に残ります。ただの文字の羅列であった問題が、不安、勇気、覚悟を伴った実際の捨てる動作によって、思い出（エピソード記憶）として刻み込まれます。

思い出は、ただ物事を記憶する「意味記憶（心理学用語。たとえば鎌倉幕府が何年に開かれたなど）」よりも長期記憶であるとされており、この脳の仕組みを利用することができます。

さて、このように、ルーズリーフをいつでも捨てることができることには、効率や達成感、記憶、いずれの観点からも確かな効果があります。

これらの効果を享受できるのは、やはりLL勉強法だからこそ、といって良いのではないでしょうか。

ラーナーズハイを体験できる!?

次のLL勉強法のメリットは「ラーナーズハイ（Learner's hign）を体験できる!?」です。

わたしはLL勉強法で書き続けた結果、ランナーズハイならぬラーナーズハイ（造語）になったことがあります。

ときは6月か7月。暑い夏の昼でした。試験は8月の下旬。試験日まで、もう100日もありません。一刻もムダにできず、一刻のムダが、一生の後悔につながると覚悟しながら勉強していました。

手元にはボールペンとルーズリーフ。ひたすら問題をつくっては解き、つくっては解きを繰り返していました。

場所は実家の自分の部屋。扇風機が回っています。

扇風機から肌に触れる気持ちの良い風と、田舎の平日という静かな環境に響くボールペンの摩擦音。頭は目の前の問題に集中しています。

そんなとき、ふと、こんな思いが脳内を支配します。

「ずっとこんなふうに勉強していたい」

そう思った矢先、わたしは「え、嘘でしょ」と困惑しました。

効率主義者で、なるべく勉強時間は短縮させたい自分にそんな思いが生じるなんて、と。

しかし、今思えば、これは手書きの効能の最たるものなのだと思います。

では、なぜこのような現象になったのでしょうか。

ランナーズハイを体験するための条件は「一定のリズムによる1時間以上のトレーニング&栄養と水分に不足がない状態」とされているので、これに近い条件に当てはまったのかもしれません。

また、一説によると、ランナーズハイを生じさせるためのホルモンとして、成功体験によって脳内から分泌されるエンドルフィンがありますが、これは運動中だけではなく、勉強中にも生じることがわかっています。

LL勉強法では、小さな成功体験が積み重なります。

テキストを、ただ読むだけでは成功体験を積み重ねにくいですが、LL勉強法では自作した問題を1問正解するごとに、小さな満足感を得ています。また、先述の通り、実際に「捨てる」ことによって達成感も得ています。

これによってエンドルフィンが分泌され、また、試験前のドーパミン分泌が高まっている状況も相まって、結果としてラーナーズハイになったのだと思っています。

「あなたもぜひラーナーズハイを体験しましょう！」とは言いませんが、こういうこともあり得るのがＬＬ勉強法であり、書くことの効能なのです。

さて、これにてＬＬ勉強法のメリットは以上です。

色々な面からメリットを考察していきましたが、すべては取り入れてみることで自然と実感できることです。

もし興味があれば、今日からでも試してみるのはどうでしょうか。

2 LL勉強法にはデメリットもある

ここまでLL勉強法のメリットについて確認してきましたが、メリットだけだと怪しい通販番組と同じになってしまいます。ということで、ここからはLL勉強法のデメリットについても確認していきましょう。

暗記科目・理論科目以外には使えない

デメリットの1つめは「暗記科目・理論科目以外には使えない」ことです。

もちろん、計算科目・論述科目でも、周辺知識の補充のためにLL勉強法を用いることはできますが、あくまで限られた範囲のみです。

可能であれば、LL勉強法で貫徹したかったところですが、こればかりは仕方のないことです。
万人に効果のある勉強法がないように、すべての科目に共通して効果を発揮する勉強法もない、ということが勉強をしていくうちに明らかになりました。

無理にLL勉強法を採用しようとすることもまた、非効率です。

もしどうしても合わない科目や範囲なのであれば、潔く他の方法を探しましょう。
これもまた減らすことであって、選択と集中です。

そして、第2章の効率の根をもとに工夫して考えてみてください。LL勉強法を採用できなくても、効率の根は腐ることはありません。

また、計算科目・論述科目であっても「記号による管理」は採用できます。
この場合は、第3章の「問題集の回転にも効く」を参考にしてみましょう。
既製の問題集に「記号による管理」を組み合わせるだけで、減らす仕組みは十分に構築可能ですよ。

つくるのが面倒に感じる

LL勉強法のデメリットの2つめは、「つくるのが面倒に感じる」ことです。

すでにあなたは気づいているかもしれませんが、なんといってもこのLL勉強法は、自分ですべての問題をゼロからつくるので、その分、時間がかかります。

通常、ルーズリーフ1枚をつくるために要する時間は平均20分です。一問一答式の問題は比較的速く作問できますが、図やグラフを使って作問した場合は、1枚に30分以上かかることもあります。

3枚作成しただけで1時間以上かかると考えたら、結構な時間を消費します。

しかし、このデメリットは、あくまでも「つくるのが面倒に感じる」であって、感じているだけです。

つくるまでは、面倒だと思っていたけど、つくっていくうちに、ラクになっていきます。

これはのちほどお話しする、持久的な心の力である「慣れの力」（第6章で解説）によるものです。

また、そもそも問題を作成する時点で、一度解いていることと同じなので、作問によって余計にかかる時間は、思っているほど大きくありません。

既製の問題集でムダな問題（わかりきっている問題）を数多く解き続けるよりは、自分がわからない問題を自作して解いたほうが、明らかに効率的なことがわかると思います。

さらに、自作した問題を「解く」ときには、つくるときほど時間はかかりません。ルーズリーフ1枚を解くためにかかる時間は平均5分で、長くとも10分くらいです。

また、回転した回数が増えていくごとに所要時間は減っていき、問題を二重線や横線で捨て、ルーズリーフを破り捨てれば「ゼロ」になります。

もしそれでも「作問にかける時間がもったいない」と感じるようであれば、工夫によって作問時間を短縮させましょう。

たとえば、これまで文章にしていたところを、単語、スペース、単語、スペース、最後にハテナマークにしておけば、作問時間も大幅に削減できます。

このように、**つくるのが面倒に感じる、作問に時間がかかる、というデメリットは、勉強を続けていくことや工夫を通して解消されるものです。**

さて、これにてLL勉強法のデメリットの説明は以上になります。

なかでも暗記科目・理論科目以外、たとえば計算科目・論述科目には使えないことが大きなデメリットかと思います。

計算科目・論述科目については既製の問題集を主に活用していましたが、わたしが実際に使用した教材について巻末にまとめておきました。

これを参考にすれば、迷うことなく勉強を進めていくことができるでしょう。

3 ＬＬ勉強法は理に適っていた!?

「何かしらの根拠がないと信じない」というのは、とても大切なことです。情報に溢れる現代において、何の根拠も調べずに、次々と「最新情報」に流されていれば、いつしか疲弊してしまいますからね。そこで、ここでは「科学的な根拠がないと信じない！」という勉強熱心な方に向けて、ＬＬ勉強法がいかに科学的な根拠に基づいているかについて、しっかりと説明していきます。

「科学的な根拠がないと信じない！」あなたに向けて

科学的な根拠に基づいて生み出された勉強法がＬＬ勉強法なのではなく、ＬＬ勉強法がたまたま科学的な根拠に基づいていることが証明された、という位置づけにあることは事前に述べておきます。

なぜならここまでお伝えしてきたように、本書で紹介してきたLL勉強法は、わたしの過去の経験から導き出された勉強法であって、どこの研究報告を漏れなく読んだとしても、絶対に書かれていないオリジナル勉強法だからです。

ここから述べていく内容は、あくまでもLL勉強法に効果があることの立証であって、補強です。

どうしてもLL勉強法を取り入れようと思えない人に向けた、最後の一押しです。

SQ3R法(PQ4R法)

まずはSQ3R法とLL勉強法との関連についてです。

SQ3R法は、あまり聞き馴染みがない勉強法か、もしくは有名な勉強法か。少なくともわたしは調べるまでは知らなかった勉強法です。

SQ3R法は、アメリカの教育心理学者であるフランシス・ロビンソン(Francis P. Robinson)によって1940年代に提唱されたフレームワークです。次の手順の頭文字「ＳＱＲＲＲ」をとってＳＱ３Ｒ法と名づけられました。

Survey（調査、概観）――全体から概要を把握する
Question（質問、設問）――勉強内容に関する質問を作成する
Read（読む）――質問に答える形でテキストを読む
Recite（復唱）――学んだことを自分の言葉で復唱する
Review（復習）――学んだ内容を定期的に見直す

また、ＳＱ３Ｒ法を改訂したものがＰＱ４Ｒ法ですが、これはＳをＰ（Preview：あらかじめ目を通しておく）に変え、「読む」と「復唱」のあいだにＲ（Reflect：熟考する）を含めたものですが、意味としてはほとんど同じなのでくわしいことは割愛します。

ＳＱ３Ｒ法の説明を見て、どうでしょうか。

全体として、ＬＬ勉強法に似ていると思いませんか。若干の違いはあるにせよ、ＬＬ勉強法はこのフレームワークに沿っていると思いませんか。

ここで大事なのは、ＬＬ勉強法の問題のつくり方です。

SQ3R法では、先に概要を掴むことになっていますが、LL勉強法でも概要を問う問題を先につくっておくことで、概要を掴む効果を高めることができます。

概要を先につくっておくべきことについては、第3章の「最初から完璧を目指さないように気をつける」ですでにお伝えしましたが、もし内容を忘れてしまった方は今一度、つくり方を確認しておきましょう。


さて、LL勉強法がSQ3R法のフレームワークに沿っていることを確認しただけでも、十分に根拠があると言っても良いはずですが、かといって特定のフレームワークに依存するのもよろしくない。ということで、まだ続きます。

アクティブリコール：ファインマン・テクニック

2つめは、アクティブリコール（Active recall）と、それを活用したファインマン・テクニックとLL勉強法との関連についてです。

アクティブリコールは文字通り「active（能動的）にrecall（思い出す）」なので「能動的に思い出すこと、記憶から引き出すこと」を意味する勉強法です。

これを活用したのが、ノーベル物理学賞を受賞したアメリカの理論物理学者であるリチャード・フィリップス・ファインマン（Richard Phillips Feynman）が提唱している勉強法です。その名をもじって「ファインマン・テクニック（Feynman technique）」と呼ばれています。

ファインマン・テクニックでは、白紙の状態から、学んだ内容を「自分の言葉」で説明することで、「理解したつもり」の部分を洗い出し、より深く理解することができます。具体的な手順は次の通りです。

1. 理解したい概念や問題を白紙の一番上に書き、その下の余白を使って、その概念や問題を他の人に教えるかのように説明する文章を書き出す
2. 理解していなかった箇所は、テキストや参考書に戻って答えを見つけ、紙に追記する
3. できあがった説明文を読み、さらに簡単な言葉に書き直す

LL勉強法との類似点は「自分の言葉を使っていること」と「思い出すこと（想起）」です。

しかし、LL勉強法とファインマン・テクニックには違いもあります。それは白紙の状態から思い出すか、もしくは問題を読んでから思い出すかの違いです。**つまり、思い出すための「ひっかかり」があるかどうかです。**

ファインマン・テクニックでは「ひっかかり」がありません。白紙の状態から、思い出すために必要な「ひっかかり」を自分でつなげてつくって、そこからさらに鎖状につなげていくことで、理解を強化できる仕組みがあります。

対してLL勉強法では「ひっかかり」を書き出しています。あらかじめ作成している問題を「ひっかかり」として、その問題に対する答えを思い出します。

両者を比べてみると「理解を深めるため」という観点では、ファインマン・テクニックに軍配が上がります。しかし、これはLL勉強法への応用も可能です。

つまり、ルーズリーフの表面に「理解したい概念や問題」だけを書き、裏面にその全体の知識を書けば良いのです。わたしも「網羅的に理解したい内容がある場合」は、たまにつくっていました。

そもそもファインマン・テクニックは、白紙から書き出すだけあって、難易度が高い勉強法です。これを解決するために、クッションとしてLL勉強法を採用するのが、最も理に適っているとは思いませんか。

手書き文字&ビジュアル化

最後は手書き文字&ビジュアル化とLL勉強法との関連についてです。

LL勉強法では問題を自分の手で書きますが、なんとなく、自分で書いた文字のほうが、テキストや問題集に印字された文字よりも記憶しやすいと思ったことはありませんか。

それ、根拠があります。

オッペンハイマー(Oppenheimer)氏らの研究(*1)によれば、そもそも「読みにくいフォント」で提示された情報のほうが、読みやすい情報よりも記憶に残りやすいことを示し、明治大学の研究（*2）によると、テキストや参考書に印字されているフォントに比べ、手書き文字のほうが記憶に残りやすくなる可能性が示唆されました

*1 Oppenheimer, D. M., Diemand-Yauman, C. and Vaughan, E. B.Fortune favors the bold (and the italicized): Effect of disfluency on educational outcomes. Cognition. 2011, vol. 118, no. 1 p.111-115.

*2 情報処理学会研究報告「文字の見た目が記憶に及ぼす影響」Vol.2020-HCI-189 No.16,2020/9/8

また、記憶しやすいことは、「集中力」が高まっていることからも説明できます。

たとえば『「手で書くこと」が知性を引き出す　心を整え、思考を解き放つ新習慣「ジャーナリング」入門』（吉田典生　文響社）のなかで、手で書く場合は、脳にアルファ波（ストレスを軽減しながらも覚醒した、リラックス状態における脳波）が生じていたとしています。

「集中する」と聞くと、勢いよく脳をフル回転させている様子を想像する方もいますが、実際に集中力が発揮されている状態とは、緩んではいないけど、締まりすぎてもいないような、適度にリラックスしている状態です。

この理想的な状態を簡単に作ることができるのが「手で文字を書くこと」であっ

て、これによって集中力が高まり、さらに記憶しやすくなるのです。

続いて、ビジュアル化とは、文章を図形や絵で表現することです。

文章よりも図形や絵のほうが「視覚的」であるとされ、視覚的であればあるほど、思い出される可能性が高くなります。

これを「画像優位性効果（Picture Superiority Effect）」と呼びますが、この効果について、ジョン・メディナ（John Medina）氏が、「文字と言葉によるプレゼンテーション」と「絵を用いたプレゼンテーション」の両方の記憶定着率を比較する実験を実施したところ、「絵を用いたプレゼンテーション」の72時間後の記憶定着率は、文字と言葉だけのものよりも55％も高いことが示されました。

そして、手書きとビジュアル化を組み合わせることができる勉強法が、ＬＬ勉強法です。

ＬＬ勉強法では手書きで、さらっとイラストや図形を書くことができます。

これによってさらに覚えやすくなります。

わたしは絵を描くことが得意ではなかったのでうまく描けませんでしたが、それでも大丈夫です。

不格好なイラストは、読みにくいフォントが記憶に残りやすいように、印象に残りますので。

さて、ここまでさまざまな科学的な根拠と効果をお伝えしてきましたが、ＬＬ勉強法ではすべての効果を受け取ることができます。

ＬＬ勉強法が極めて理に適っている勉強法であることが、十分にわかったところで、「科学的な根拠がないと信じない！」という勉強熱心な方に向けての説明はおしまいです。

何らかの気づきがあれば嬉しく思います。

4

こんな場合はどうすればいい？

LL勉強法は自作問題集勉強法でもあり「問題集」と名がついていますが、問題集の代わりではありません。「えっ？」というあなたへ。ここからは「Q＆A」形式で、よくあるご質問についてお答えしていきましょう。

Q1「自作問題集をつくって回すより、既製の問題集を回したほうが速いのでは？」

あくまでも総括的な教材（テキスト、問題集、模試・答練・過去問の集約）としてルーズリーフの束があります。繰り返し解いていれば、すべての復習を終えることができるものが、ルーズリーフの束の位置づけです。

また、既製の問題集を繰り返し解く場合、「問題をつくる」という貴重な体験を経ることができません。**既製の問題集では最低限の理解がないまま解くことができますが、その段階で解いたとしても身につくことは多くありません。**

ＬＬ勉強法ではあくまでも最低限の理解が先で、その先に問題をつくる、そして解くという流れなので、ただ問題を解くだけで「やった気」「解いた気」になることがありません。問題を何問も解いたから、それで満足ということがないのです。

テキストや参考書を読んで、次に既製の問題集に取り掛かったほうが初速は「速い」と感じるかもしれませんが、そこには「やった気」「解いた気」になるという危険性が潜んでいることは熟知しておきましょう。

また、どうしても既製の問題集を繰り返し解いていくほうが性に合っているのであれば、ぜひ記号による管理（第３章参照）を取り入れてみるのはどうでしょうか。

それだけでもずいぶんと違いますよ。

Q2「1日に何問解けば良いですか？」

1日に何問解けば良いかについて厳密なルールはありませんが、先述の通り、自作した問題には、2週間ほどの消費期限があるので、毎日、少しずつでも解いていくことが理想です。

また、**1日に解くべき問題数よりも「何を解くか」のほうが大切です。**

まずは×や△を重点的に解き、それらを○に変えていくことを目的にして、初回で○がついている問題は、無理に2周目で解く必要はありません。

回転の単位は「周」でも「問」でも「枚」でも自由です。

たとえば「今日は△を1周」でも、「今日は×と△だけを30問」「今日は×と△だけを15枚分（ここでの枚数は、○も含んでいるルーズリーフの枚数のこと）」でも良いのです。

「どれだけ解いた」かよりも「どれだけ減らしたか」を意識して進めていきましょう。

Q3「ルーズリーフの枚数が100枚を超えました……」

ルーズリーフの枚数が結果として何枚になるかは、学ぶべき内容の難易度によってさまざまですが、もし多すぎる気がする場合は、減らしていく必要があるでしょう。

ルーズリーフの枚数が増え過ぎているということは、×が増えすぎているか、○が増えすぎているか、のいずれかが考えられます。

×が増えているということは、あとでご説明する、インプットポイントの設定に余裕がないということです。インプットポイントに余裕がないと、作問するだけで繰り返し解く時間がないため、×ばかりが増えていきます。

インプットポイントについては第7章で解説していますので、場合によってはインプットポイントの修正を検討してみましょう。

また逆に、○が増えている場合は、○だけを選んで解き、「捨てる」ようにしていきましょう。×を△や○に変えていくことが重要なように、△や○を◎に変えて、どんどん捨てていくことも極めて重要です。

Q４「情報源がテキスト・参考書以外にもある場合はどう管理すれば良いですか？」

勉強の目的がキャリアアップやリスキリングの場合、問題を自作するための情報源がテキストや参考書だけとは限りませんよね。

ネット記事や新聞記事、専門書や法令、基準をもとに問題をつくることもあると思います。

このように幅広い教材から問題をつくるとき、手がかりがなければ、どこに書いていた情報から問題をつくったのかを判別することができません。

ここで必要となるものが「情報源（ソース）リスト」です。

情報源リストもルーズリーフで作成しますが、作成したリストをルーズリーフの束の冒頭に常に挟んでおくことで、どの教材から学んだかを一覧で確認できます。

具体的な情報源リストの作成方法ですが、資料に名前がある場合は、その正式名称と略称の両方を書きます。

たとえば「金融商品に関する会計基準」から学んだのであれば、「金会：金融商品に関する会計基準」と情報源リストに書きます。

そして実際にルーズリーフに問題をつくり、裏面に答えを記載した近くに「So．金会」と書きます。

Soは、Source（情報源）の略です。さらに、ここに該当の項・号やページを書けばさらにわかりやすくなります。

このように情報源を明らかにすることができれば、ルーズリーフの束をデータベース化し、検索性を向上させることができます。

どこかに書いてあったけど、どこに書いてあったか忘れた、という状態を防ぐためにも、このような情報源リストを活用していきましょう。

わたしの場合、公認会計士試験のときには情報源リストも必要なかったのですが、その後、公認会計士として学んでいくときには、この情報源リストが非常に役に立ち

ました。

少々書くことが増えてしまうデメリットはありますが、それを超えるメリットは確かにあります。ぜひとも参考にしてみてください。

第5章

「習慣化」のムダを省く①

挫折せずに継続できる「一日坊主習慣術」

1

習慣化のジレンマという落とし穴に落ちてはいけない

前章までは、「効率化」のムダについて説明してきました。

ここからは「習慣化」のムダを省くことについてお伝えしていきましょう。

ところで、あなたは、未来を見通すほど、かえって習慣化が難しくなるという事実をご存じでしょうか。

では、その謎解きからスタートしましょう。

「習慣化のジレンマ」によって苦しんだ過去

未来のことをしっかり考えて資産形成しましょう、未来に役立つことを学び、資格を取っておきましょう。このように「しっかりと考えなければ」と思う心は大切です。しかし、習慣化においては、その限りではありません。
むしろ、**未来を見通すほど、習慣化は遠ざかっていくという残念な事実があります。**
この事実を、**本書ではヤマアラシのジレンマをなぞって「習慣化のジレンマ」と名づけました。**

ご存じかもしれませんが、「ヤマアラシのジレンマ」とはショーペンハウアーの寓話に由来した言葉です。

冬にヤマアラシたちが暖を求めて群がったものの、お互いの身体のトゲによって刺されるので、離れざるを得なくなったというもので、矛盾や葛藤をあらわしています。

つまり、**「習慣化したいのに、できない」という矛盾や葛藤こそが、このジレンマです。**

一方で、こういった矛盾や葛藤というジレンマをなくすことで、つまりはそういった「習慣化」のムダを省くことで、本当の意味での習慣化を手に入れることができます。

他でもない、わたしも習慣化のジレンマに陥っていたことがあります。

わたしが公認会計士になろうと思ったのは、経営コンサルタントに漠然と憧れていたからです。

経営コンサルタントを調べると、国家資格として「中小企業診断士」が検索結果に出てきますが、大学生1年生の頃のわたしは、中小企業診断士を受けて経営コンサルタントになろうと思っていました。

何も得ていない自分に焦りを感じる年頃で、何か専門性のあるものを得たいと思ったのです。

そして大学に入って中小企業診断士のテキストを買ったものの、とにかく続きませんでした。

2日勉強して、2週間勉強しない期間が続いて、次は3日勉強して、3週間勉強しない期間が続いて、その後も「**勉強しなければ**」**と思うたびに机へ向かうものの挫折し、それを繰り返していくうちに、いずれ勉強しようという気持ちごと葬り去られてしまいました。**

受験を決めたときの、やる気やモチベーションはどこへやら、そのときにわたしが落ちてしまっていた穴が、習慣化のジレンマだったのです。

いくら必死に這い出ようとしても、なかなか出ることができない深い穴です。

深い穴に落ちていたわたしが、習慣化に対して抱いている難易度はとても高いものでした。

テレビやネットなどで紹介されるような、習慣化に成功して、あらゆる習慣を身につけている人に対して羨望の眼差しを向けていました。

そして「どうしてあの人は、習慣化できたのだろう」「どうして自分は、こうも習慣化が苦手なのだろう」と、いつも考えていました。

これは劣等感とも呼べるかもしれません。習慣化できている人に対して劣等感を抱き、自分を卑下し、どうせ自分には無理なのだ、とあきらめの感情が渦巻いていました。

そしてこのあきらめの感情を引きずった末に、わたしはこう思いました。

「習慣化のことを考えるのはやめにしよう。考えてもどうせ続かないのだから。だったら、せめて〝今日だけでも〟頑張ってみよう。今日だけなら、わたしでもできる」

これが、わたしが習慣化のジレンマから這い出る方法を見つけ、習慣化のムダを省いた瞬間です。

「今日だけでも」で一日坊主になろう

「今日だけでも」には、今日しかありません。完全に今日だけに集中しています。明日のことなんて知らないし、どうにもならないのだから考えない、という、ムダを省いた極めてシンプルな考え方です。

これは心の視野を狭めるとも表現できます。

たとえば「千里の道も一歩から」という継続の大切さを説いたことわざがありますが、もし千里の道を歩こうとしている人が千里先を見ながら歩いた場合、どうなるでしょうか。

足元に石があったら躓き、そして嘆くでしょう。こんな道は歩きたくない、歩ける気がしない、と。

もしくは「あぁ、まだこんなに歩かないといけないのか」とため息交じりに呟いてしまうかもしれません。到底、体力が持つかもわかりませんし、喉が渇いてきたし、そろそろ休憩しようか、と。そしてそのまま再び歩き出すことはありません。

これは億劫さによる挫折です。

対して、**実際に千里の道を歩いている人は、千里先を見ていません。**

千里先のことをどれだけ考えても、目の前の一歩がラクになることがないことを知っているからです。

いつ到達できるかわからない千里先のことを考えるくらいなら、目の前の一歩に集中しようと思うからです。

石に躓き、億劫さに負けた人と、目の前の一歩のことだけ考えた人。

この両者の違いは「心の視野が広いか、狭いか」だけです。

わたしは「今日だけでも」をきっかけに、心の視野を狭め、習慣化することだけではなく、計画を立てること、立てようとすることも同時にあきらめました。

計画を立てることとは、あくまでも明日以降に期待することです。明日に期待することよりも、今日を大切することにしました。

習慣化できない人のことを「三日坊主」と呼びますが、わたしは「今日だけでも」の言葉通りに勉強をしていくことで、三日坊主から脱することができました。三日坊主から千日坊主や一万日坊主になったわけではありません。逆です。

こうして、わたしは一日坊主になりました。
公認会計士として働く今でも変わらず、一日坊主です。

三日坊主が続かない坊主だとすれば、一日坊主はそもそも続けようとしない坊主です。ただ今日だけを見ている人のことです。

つまり、本書を読み終えたあとの、あなたのことです。

とはいえ「今日だけでも」を心でいくら決めたとしても、それを続けることは難しいことです。

そこでわたしが生み出した具体的な方法が「今日だけでもリスト」です。

2

「今日だけでもリスト」で、一日坊主習慣術を簡単に実践できる

ムダなプレッシャーがかからない「今日だけでもリスト」これを持っておくだけで、プレッシャーが薄れ、勉強がするすると進んでいきます。

切り離せるメモ、「枠」を活用する

ここで紹介していく「今日だけでもリスト」には「今日だけでも、これはやっておきたい」ことをすべて書いていきます。

「今日だけでもリスト」の作成方法は、先述のLL勉強法の作問方法と同じくシンプルです。

1 上部の左側に今日の日付を書く

2 今日の想定勉強時間を決める（頭のなかで決め、リストには書きません）

3 線を引き、下に今日やることを書く（第7章のインプットポイントが最優先）

4 やることの右に「想定所要分数」を書き、丸で囲む（15分単位で書きます。この理由は第6章で解説しています）

5 丸のなかに書かれた数の合計が、2で決めた想定勉強時間の近くになるまでこれを繰り返す

6 書き終わったら、日付の右側に合計分数を書き、それを〜時間換算とする

ここで「想定所要分数」についての注意点です。

「〜時間勉強するために、これを勉強する」ではなく「このくらいの勉強をすれば、だいたいこのくらいの勉強時間になるだろう」が想定所要分数の正しい書き方です。だからこそ、先に3で「やること」を書き、4で想定所要分数を書く順番にしています。

「今日」を切り取る「枠」、それが「今日だけでもリスト」

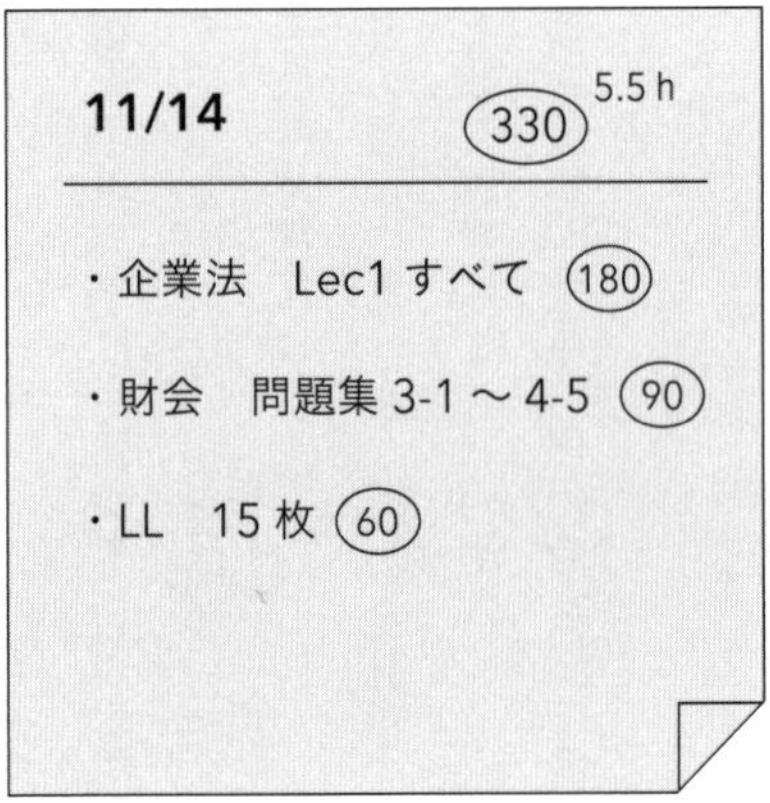

なお、ここで作成したリストには、その後、原則としてつけ足さないように気をつけましょう。こうすることで、やるべきことを「これだけ！」に絞ることができて、減らすことができます。

なお、「今日だけでもリスト」に使用するメモ帳ですが、わたしは無印良品で購入した、切り離せるメモ帳を使っていました（今でも仕事や私生活で使用しています）。

〔無印良品メモパッド　約140×100㎜・200枚〕

メモ帳には、綴りのもの（切り離せないもの）もありますが、わたしがあえて「切り離せる」ものを利用していたことに大きな意味があります。

なぜなら「今日だけでもリスト」は今日を切り取る「枠」だからです。「枠」があれば、明日以降へと拡がりがちな心の視野を今日だけに絞り、目の前のやるべきことに集中することができます。

こうして、切り離せるメモという枠を活用することができれば、一日坊主習慣術も簡単に実践することができるでしょう。

今日の始まりは中道で決める

「今日だけでもリスト」を作成するにあたり、想定所要分数の合計が、どのくらいになるまでリストに追加すべきなのか。

「勉強時間」ではなく「やること」によって管理しているからこそ、なおさら難しく感じてしまうかもしれません。

まず勉強の内容の数で言えば、基本的に5つ以内に収めておきましょう。
今日のうちに完了できるのは、平均3つ、できても5つが限界です。
これ以上増やすと、窮屈に感じてしまうため気をつけましょう。

また、ここではブッダの述べた「中道（ちゅうどう）」を意識してほしいと思っています。

中道とは、度を超した努力精進でもなく、少なすぎる努力精進でもない中間に位置する努力精進のことです。

万人にとっての中道というものは存在せず、人によってそれぞれです。
また、時期によってもそれぞれです。
あなたにとっての中道は常に更新されます。
昨日の中道は、今日の中道ではありません。
あなたが学び続けるためには、今日よりも少しだけ高い位置に設定すべきとも言えます。

とはいえ、これだけだとあまりに感覚的でわかりにくい場合は、過去の勉強時間の実績を参考にする方法もあります。

たとえばアプリにこれまで記録した勉強時間の実績をもとに、今日の想定所要分数を計算します。

具体的には、これまでの平均勉強時間に1%から5%ほど足した勉強時間を想定所要分数として設定することで、少し高い位置に設定することができます（10%だと高めすぎなので気をつけます）。

これまでの平均勉強時間は、先週から算出するか、先月から算出するか、もしくは平日や休日ごとに算出するか、など計算方法はさまざまですが、絶対的な正解はありません。

なお、この過去の勉強時間実績から計算する方法は、あくまでも参考に留めておいてください。

最も大切にすべきは、勉強時間よりも、自分の心です。

常に自分の心に対して問い続けていく必要があります。中道は「無理をせよ」という考え方ではありません。あくまでもあなたがラクに勉強を続けていくために必要な心の姿勢です。ぜひ、心がけていきましょう。

今日の終わりは時間ではなく量で判断する

ここまでの手順に沿って「今日だけでもリスト」を作成したあなたは、リストに沿って勉強を進めることができます。

1つの勉強を終えるごとに、想定所要分数の付近に、実績所要分数（実際に勉強するためにかかった時間）を記載していきましょう。

わたしの場合、実績所要分数は丸で囲まず、なおかつ、わかりやすくするために黒以外のインクのボールペンで記載していました。

そして、今日のすべての勉強を終えたとき、実績所要分数を集計しますが、このとき、時間ではなく量で「十分かどうか」を判断するようにしましょう。

たとえば今日の想定所要分数の合計が330分だとして、実績所要分数が270分だったとします。このとき、無理に60分の勉強を追加する必要はありません。その日の勉強は終わりにすべきです。

なぜなら（おさらいですが）、あなたの「今日だけでもリスト」の目的は、想定所要分数を果たすことではなく、リストに書いた内容をすべて終えることだからです。

大事なことは「このくらいの時間だけやれば十分」ではなくて、「このくらいの量だけやれば十分」を目指すことです。

実績だけ残し、予定は容赦なく捨てる

「今日だけでもリスト」は、今日の勉強を終え、実績を書き終え、手帳やスマホアプ

リなどに転記（くわしくは第6章参照）した時点で潔く捨てます。

今日になった時点で、昨日作成した「今日だけでもリスト」はすでに捨てられているので、昨日、何を予定していたかはわかりません。

これは一見、不便にも思えるかもしれませんが、そうではないどころか、これもまたメリットです。

なぜなら、**過去の影響を受けずにすむからです。**

たとえば綴りのメモ帳や手帳、ノートなどの「捨てることが難しいもの」に予定と実績を書いていた場合、昨日「予定」として書いたけど結局できなかったことは、嫌でも今日の、あなたの心に残ります。

そして未完了の予定を、そのまま「今日だけでもリスト」に転記してしまいます。

昨日できなかった分を取り戻そう、と。

もし過去にできなかったことを残し続けていくと、どんどんやることばかりが増えていき、それが「今日はこれをやらなければいけない」という義務感を連れてきます。

その結果、勉強が思った通りに進まず、挫折につながることもあります。

もし過去の予定を見ないようにしようとしても、どうしても見てしまって、影響を受けてしまうのが人の性です。であれば、見ようとしても見ることができない状況にするだけです。それが「今日だけでもリスト」を潔く捨てることなのです。

朝につくれば義務感から解放される

「今日だけでもリスト」は、今日の朝（当日の朝）につくることをオススメします。

なぜなら、昨日（前日）の夜につくることで、昨日の夜から見た明日、つまり今日に期待し、その期待は往々にして裏切られる傾向にあるからです。

わたしの経験として、昨日の夜に立てた計画は、今日の朝に改めて見直してみると、少し無謀にも思えます。

これをわたしは、「夜は厨二病、朝は五月病」現象と呼んでいます。

朝が五月病であるかは置いておいて、朝のほうが冷静なことはあなたも実感していると思います。

厨二病に罹ったまま無謀な予定を立ててしまうと、それが自信の喪失や自己嫌悪につながってしまうこともあります。

たとえば、寝坊した瞬間に予定が不可能になる恐れが常に存在していて、もしくは寝坊せずとも、昨日作成した予定が無謀だと、どうあがいても「今日だけでもリスト」を終えることは不可能です。

全然、何も失敗していないのに「できなかった」「失敗した」と思ってしまいます。

逆に、昨日の夜に予定を作成するべき理由として、朝から「何をしようか」という選択をするための余計な意志力を使わなくてもすむ、というものがあります。

これを代表する話として、スティーブ・ジョブズが毎日同じ服を着ていたことが持ち出されますが、スティーブ・ジョブズは寝坊したからといって服を着ずに裸で過ごしたり、服を着替えたりしませんよね。

つまりスティーブ・ジョブズの話と「今日だけでもリスト」は明らかに状況が違うのです。

また、**もし意志力によって考えるならば、なおさら朝につくったほうが合理的です。**

なぜなら、昨日の夜には意志力のみならず判断力も失われていて、その状態で明日の予定を立てるなんて、とても冗談にしか思えません。

「今日だけでもリスト」を、今日の朝につくることは、つまり、起きたら常に「何も書かれていない」状態のメモ帳があることを意味しています。

まっさらな1枚の紙に何を書くか。今日をどう描いていこうか、何を学ぼうか。それを決めることもまた、楽しいことではないでしょうか。

3

心の方向指示器「飽きの力」を信じよう

ここからは、ひたすら今日にだけ集中する一日坊主習慣術において、今日の心の力（集中力）を無理なく、ムダなく、最大限発揮するための方法について説明していきます。

非ポモドーロ・テクニックで心の力を最大化できる

1回あたりの集中力の持続時間については、あらゆる説が存在し、最も有名なポモドーロ・テクニックでは原則として25分集中、5分休憩という細切れルールが提唱されています。

わたしも何度か試したことがありますが、そのとき感じたのは「極めて中途半端」ということ。

疲れないことは確かですが、疲れない〝だけ〟でした。

勉強では疲れないことよりも「いかに深く集中できるか」のほうが大切ですが、勉強への集中力は、むしろ弱まっていました。

これはポモドーロ・テクニックによって自分自身が「時間」という外部者に左右されており、心を無視していたからに他なりません。

ということで、**本書ではより心に沿った「非ポモドーロ・テクニック」を提唱します。**

非ポモドーロ・テクニックを採用すべき理由について、ポモドーロ・テクニックのデメリットをもとに、まとめておきました。

- 勉強に取り掛かるときに最も多くの心の力が必要となる
- 集中力は状況によって変わる
- とにかく内向型人間には合わない

まず「勉強に取り掛かるときに最も多くの心の力が必要となる」ですが、これは文字通り、勉強に取り掛かるときが最も大変だということです。

わたしは2年間、毎日勉強を欠かさなかったのですが、それでも、わたしがラクに勉強に取り掛かったことは一度としてありません。

勉強に対する苦しみは後述する「慣れの力」によって薄れていきますが、かといってゼロになるわけではありません。

そして苦しみの濃度が最も高いのが「勉強に取り掛かるとき」です。

これは自転車を漕ぎ出すときに最も脚の力を使うことや、自動車が走り出すとき、飛行機が離陸するときに最も多くの燃料を必要とすることとも同じです。

ポモドーロ・テクニックによって30分ごとに大変な思いをする必要は本来、ないのです。

次に「集中力は状況によって変わる」ですが、あなたの集中力が毎日同じくらい続くとは限りません。昨日の睡眠時間、昨日や今日の食べたもの、天気、部屋の状況などによって大きく変わってくるからです。

あなたもこれまでに「何だか今日は集中できない」、もしくは逆に「今日はすごく集中できる」と思ったことはありませんでしたか。

そこに「25分」などの時間を画一的に適用すると、とても非効率には思えませんか。

最後に「とにかく内向型人間には合わない」ですが、これは状況がどうとか、そういう話以前の、遺伝的な話です。

あなたが「内向型」の性質を多く持つ人（以下、内向型人間）の場合、集中するための時間は細切れにしないようにしましょう。

「外向型」の性質を多く持つ人（以下、外向型人間）は思考の切り替えが早いため、細切れ時間でも、一定程度の集中力を発揮することができますが、内向型人間は、思考の切り替えがゆっくりであるため、集中するために長い時間を必要とします。

これについては、すでに脳科学からも明らかにされています。

たとえば、デブラ・ジョンソン博士による実験（*）では、内向型と外向型の人に、ごく少量の放射能を血流に注入しながら、横になってリラックスしてもらい、被験者の脳をスキャンしたところ、「内向的な人ほど脳への血流が多い」ことが判明しました。また、内向的な人の脳と外向的な人の脳では、血液は異なる経路に沿って移動しました。

* How Introvert and Extrovert Brains Differ: 6 Differences According to Science, Reyna Charles, MIND JOURNAL

これはどういうことかと言いますと、外向的な人の脳の情報は、視覚、聴覚、味覚、触覚を処理する脳内の領域（「即応性」領域）を横切る、ドーパミン経路と呼ばれる短い経路を通ります。対して内向的な人の脳が外界から受け取る刺激は、アセチルコリン経路と呼ばれる長い経路を通って伝わります。

この経路では、受け取った情報とそれによる刺激が、共感、感情、内省に関与する右前島、次に独り言、言葉、スピーチを担当するブローカ野など、さまざまな領域を横断します。

長い経路を辿るためには多くの血液が必要となりますが、短い経路の場合はそこまで多くの血液を必要としないため、このような血液量の差があるのです。

これは、内向型人間がまとまった時間をしっかり取ることができれば、遥かに高い集中力を発揮し、深く考えることができることを示しています。

わたしも内向型人間であることを自認していますが、内向型人間がポモドーロ・テクニックを採用してしまうと、せっかくの独自の良さが失われます。

ポモドーロ・テクニックが合うかどうかは、あなたが内向型人間か外向型人間かによって大きく異なってきますが、もしポモドーロ・テクニックが合わないと感じているのであれば、本書でこれから述べていく内容が大いに参考になるでしょう。

飽きで方向転換し、疲労で止まる

ポモドーロ・テクニックを採用しないとしても、休憩することなく勉強をし続けることはできません。ここではわたしが公認会計士試験の受験時代に採用し、今でも採用している方法を紹介します。

それはずばり**「飽きで方向転換し、疲労で止まる」**です。

これを矢印であらわすと次のようになります。

飽きる→休む or 対象を変える→飽きる→休む or 対象を変える→飽きる→休む or 対象を変える→疲れる→今日の勉強は終わり！

この方法では「飽き」を自覚したら、一度休憩を入れたり、集中の対象を変えたりして対処し、いずれ「疲れ」を自覚したら、今日の勉強を終えます。

勉強に限らず、何かに集中していると、徐々に「飽き」を自覚してくることがあると思います。

これは心の力である「飽きの力」が強まっている証拠です。

「飽きの力」は心の方向指示器（ウインカー）であって、今日のうちに何度も登場してくる瞬発力のある短期的な心の力です。

自動車やバイクで角を曲がるときにウインカーで合図を出し、スピードを落としていくように、「飽きの力」はあなたに対して合図を出してくれます。

「そろそろ曲がらない？　休憩しておかない？」と。

あなたはこのとき、どんどん視界が拡がっていくことを自覚しているはずです。

目の前の一点に集中できていた状態から、どんどん周りの音や集中対象以外についての思考（たとえば「今日の昼ご飯は何にしよう」など）へと意識が移っていきます。

そして少しばかりの「飽きの力」を無視していくと、やがて「もう嫌だ」を皮切りに、その場から命からがら逃げだし、大自然のなかで、お腹いっぱい息を吸い込みたくなる衝動に駆られることもあるでしょう。

この「飽きの力」は、今日の終わりが近づき、疲れが徐々に出てくるにつれて、生じやすくなります。

また、その日の体調や天気によっても変わってくるため、何時間、何分集中すれば「飽きの力」が生じるのかは毎回異なりますが、それこそが「ありのままの心」であって、無理をせずに放っておくことが肝心です。

「飽きたら、休む」もしくは「飽きたら、集中の対象を変える」ことを繰り返していけば、いずれ「疲れ」がピークを迎えます。それが今日の勉強の終わりの合図です。

たとえ「今日だけでもリスト」に書いた内容のすべてを終えていなくても、終わりにします。

このように飽きたら切り上げ、疲れたら勉強を終えることは決して「甘え」ではありません。なぜなら、そこからどれだけ根性で頑張ったとしても、集中力は極めて低く、勉強しないほうがマシになってしまいますから。

「飽きの力」も「疲れ」も、すべてはあなたの心が知っていることです。
心に沿って勉強を続けていけば、心の力(集中力)を最大限発揮することができるでしょう。

4 良心の呵責を感じない休息法

「飽きの力」で勉強を中断したあとに必要なのは、何だと思いますか？それは、「休息」です。ということで、この章の最後に「良心の呵責を感じない休息法」について説明していきます。

こんなに違う「休息」と「怠惰」

勉強をしないことに罪悪感を抱いてしまうのは、「今、わたしは休んでいるのか（休息）、怠けているのか（怠惰）」がわからないからです。

そこで、ここでは両者を明確に切り分けておきます。

これにはストア哲学の考え方が役立ちます。

ストア哲学の創始者ゼノンは「ふさわしい行為」を「カテーコン」として表現し、ふさわしいかどうかは、**行為そのもので区別するのではなく、有益な目的があるどうかで区別しました。**

有益とは、自分の成長や改善につながることを意味します。

つまり、休息と怠惰の境目は「有益な目的があるか」です。

勉強をするために休む場合は「勉強をするため」が有益な目的になりますが、勉強をするために休んでいるのに、勉強をせずにずっと休んでいるのであれば、それは休息の仮面を被った怠惰です。

ということで、「有益な目的があるか」に加えて「時間の区切りがあるか」が境目として追加されます。

つまり「勉強をするために、勉強するまで」という区切りがあれば、それは休息です。

いかがでしょうか。

休息と怠惰を切り分けることができれば、心はラクになります。

もしこれまで切り分けられていなかったのであれば、これを機に切り分けてみてください。

切り分けることができているかどうかで、休息の質は変わり、集中の質も大きく変わっていきますよ。

しっかり学ぶために、しっかり休む

休息のためには「有益な目的」と「時間の区切り」が必要でしたが、ここでは具体的な設定方法に移っていきます。

まず「有益な目的」ですが、これはざっくりと「気分転換するため」「リフレッシュするため」「眼を休めるため」で大丈夫です。

「勉強をするために、休む」だけを念頭に置いておけば、それで事足ります。

次に**「時間の区切り」について、わたしは勉強時間を活用していました。**

具体的には、飽きたら勉強を止めて、その時間を計測して、その時間の数倍、等倍、等分だけ休む方法です。

たとえば1時間で飽きたのであれば、2時間、1時間、30分を休息時間として設定していました。

中途半端な分数であれば、15分単位で切り上げます。

たとえば70分で飽きて、それを等分した場合は35分になりますが、この場合は45分を休息時間にしていました。

この休息時間は「勉強期間」が長くなるにつれて、短くしていきましょう。

勉強を始めた当初であれば、先ほどの例の数倍を採用し、1時間勉強して、2時間の休息です。

これに慣れてくると、休息時間は等倍、等分となり、1時間、やがて30分となっていきます。

また、**やけに集中力が続かない日は、普段よりも2倍の休憩時間を取るなど、とにかく事前にルール化していました。**

これによって「勉強しないといけない」と思いながら休んでしまう状況を避け、しっかりと休むことができます。

残念なことに、休むことが下手な人は、集中することも下手です。

もしあなたが勉強に集中して、効率的に勉強したいと願うのであれば、いかにしっかり休むかにも着目していきましょう。

「怠惰」はこれで退ける

最後に、「怠惰」の退け方について説明します。

「休息」と「怠惰」を切り分けたとしても、「怠惰」に負けてしまっては元も子もありませんからね。

「怠惰」には2つの原因があります。
「刺激が強いから」と「時間が余っているから（退屈だから）」です。

強い刺激 × 退屈 ＝ 怠惰　となります。

まず「刺激が強いから」についてですが、怠惰に耽ってしまうことがあるのは、意志が弱いからではなく、あなたの脳と心が強い刺激に引っ張られているからです。
たとえば、あなたが勉強をせずにスマホを触ってしまったとしましょう。
これは、あなたの意志がスマホに打ち負けたからではなく、あなたの意志が、スマホへと傾いてしまっているからです。

負けたのではなく、自ら選んでしまっています。

これは、スマホの刺激が、勉強をする刺激よりも強いからです。

わたしたちの脳と心は、刺激が強いものに惹き付けられるようになっています。

残念なことに刺激が強いものは、成長ではなく怠惰につながるような代物ばかりです。身の周りを見渡してみてください。〝刺激的〟なもので溢れていませんか。

とはいえ、いくら刺激的なものに溢れていたとしても、それらに耽る時間がなければ、怠惰になることはありませんよね。

仕事ばかりしている人が、怠惰だと指を指されないのは、「退屈」ではないからです。

ということで、強い刺激に、さらに「時間が余っているから（退屈だから）」が掛け合わされた結果、見事に怠惰が誕生します。

おめでとう、とは言いたくない誕生です。

こうして誕生した怠惰に対峙するためには、刺激が高い状態から身を離し、なおかつ、時間が余っている状態をどうにかしなければいけません。

そのためには、「刺激の強くない予定を入れる」ことが推奨されます。

ただ、それまでスマホゲームやSNS、動画視聴といった刺激が強い娯楽に費やしていた時間を、そのまま勉強に費やすのは難しいことなので、それよりも前に、強い刺激から遠ざかる機会を多く持つようにしましょう。

そのために、勉強以外の趣味や娯楽を予定として入れましょう。


予定は、刺激が強くなければ何でも構いません。


最もオススメなのは散歩や山登りですが、本屋巡りやカフェ巡り、旅行、読書なども素敵です。

これらの予定をあらかじめ決めておきましょう。一人だとサボってしまう場合は、家族や友人、同僚を巻き込みましょう。

準備体操をせずに激しい運動をすると怪我をしてしまいますが、これは勉強も同じです。

刺激の強くない予定を入れることは、勉強をするための準備体操です。

こうして、準備体操を続け、強い刺激と退屈から離れれば離れるほど、怠惰に負けにくくなります。

勉強したいのに、スマホを触ってしまったり、動画を見続けてしまうのは苦しいことであって、その苦しみは「心の力」のムダです。

ムダを省くためにも、ぜひ取り入れてみてください。

第6章

「習慣化」のムダを省く②

「能動的記録術」で勉強の苦しみから脱却できる

1 勉強時間の取り扱い説明書

前章に続いて、「習慣化」のムダを省くことについてお話ししていきますね。

習慣化をするうえで、ムダなもの、それはやる気やモチベーションです。これらはすべて感情です。こういったものを排除していくことで、よりスムーズな習慣化が実現できます。

やる気を出せば勉強が続く、という嘘

巷では、やる気やモチベーションは勉強において必要だとされています。

やる気を出せば（モチベーションを高めれば）、勉強がみるみる進んで、勉強時間は積み重なり、結果として試験に合格したり、スキルアップ、リスキリングできると言われ

ています。

しかし、やる気もモチベーションも、いずれも残念なことに「感情」だと思っております。

やる気を短期的、モチベーションを長期的だと捉える本もありますが、本書ではどちらも「感情」という点で同等なものとして扱います。

残念なことにこれらの感情は遠い昔から人間に備えられていながらも、一切成長も進化もしていません。

たとえば仮に、あなたが喜んだとしましょう。

これによって喜びが成長や進化しているのであれば、次に喜ぶときは、「新・喜び」となるはずですが、おそらくあなたは次も同じように普通に喜ぶでしょう。これこそが成長も進化もしていない証拠です。

感情はいくら訓練してもゼロ、すなわちまったく成長も進化もしないというのがブッダやストア哲学者の出した答えであって、わたしも勉強を続けるなかで得た気づきです。

成長も進化もしないことは、赤ちゃんがよちよち歩きするように、短期的で不安定だということを意味していますが、あなたも経験があるのではないでしょうか。

たとえば、「絶対に合格するぞ！」と意気揚々に紙に目標を書いたけれど、三日坊主で終わってしまい、紙ごとゴミ箱に捨ててしまった。

誰かに馬鹿にされて、見返してやるぞと息巻いて、その日は頑張ってみたけど、いつしかそのことすら忘れてしまっている。

やる気やモチベーションの恐ろしいところはこれです。

これらによって心を燃やし、そのまま燃え尽きていることは誰もが経験しているのではないでしょうか。

また、やる気を出すことや、モチベーションを高めることは、効率の面からも極めて非効率です。

感情の起伏があるということは、心を動かすことですが、心は、動けば動くほど「心の力」を消費するので疲れます。

やる気やモチベーションが「正の（良い）」感情とされていても、同じです。

心の力は、その向きが正であっても不であっても「差（絶対値）」だけ動くので、同様に疲れます。遊園地でしこたま遊んで疲れたことがあれば、それと同じです。

つまり、あなたが勉強をラクに効率的に進めていくためには、いかにやる気やモチベーションといった感情に頼らず、ムダに「心の力」を消費しないか、が肝心となります。

やる気は霧、能動性は足跡

やる気やモチベーションといった感情があてにならず、それどころか心は疲れ、かえって非効率になっているのであれば、何を頼りにすれば良いのでしょうか。

ここで必要となるのが「能動性」という概念です。

能動性と聞いて、あなたは何をイメージするでしょうか。

わたしのなかでの能動性は、主体性や積極性と同じように「何かに依存せずに、自ら行動を起こす力」だということに行き着きました。

つまり、何かからの働きかけを待たずに、自発的に活動することであって、やる気やモチベーションといった感情にすら依存しない、完全に切り離されたものです。

能動性は、心が少しだけ前傾姿勢にある状態における、傾き度合いを指します。

もし心が仰け反っていれば前に進むどころか後ろに下がり、前のめり過ぎると転げてしまうので、「少しだけ」が大切です。

ここで、やる気やモチベーションと、能動性の「見ている先」の差について説明しておきます。

やる気やモチベーションは、「未来の姿」を想像して高めます。

たとえば「合格（スキルアップ）した自分の姿、情景を鮮明にイメージしてください」というやる気の出し方、モチベーションの高め方があります。

しかし、これは**霧とも呼べるような、不明瞭な未来への期待**です。

霧なので、捉えどころがなく、一時的に効果があったとしても、その効果が長く続くことはありません。

対して**能動性は「過去の自分の経験」によって蓄積**されます。

ここでは**目の前の霧ではなく、足跡を見ます。足跡こそが勉強時間**です。

だからこそ、これまでにあなたが費やした勉強時間を記録し、一覧で表示できるもので管理する必要があるのです。

ここで管理された勉強時間は「これまで、これだけ勉強をしてきた」という足跡であって、霧とは明確に違うものです。

あなたが実際に霧に包まれた道を歩いたとします。目の前の霧は、息を吹くことで消えていきますが、足跡はどれだけ強く吹こうが崩れません。

あなたは勉強時間についてあれこれと考える必要はありません。

平均勉強時間がどうであるとか、1か月あたりどれだけ勉強すべきかについても一切考える必要はありません。

ここで肝心なのは、勉強時間の役割を、必要以上に拡げないことです。

勉強時間は足跡であって、現在および過去にあるものであって、決して未来にはありません。それを知っておきましょう。

わたしは能動性という足跡を見るようにしてから、心がラクになりました。

それまではやる気やモチベーションによってぐらぐらと揺れ動いていた心が、やがて揺れが収まり、一箇所に留まるようになりました。

そして、目の前のやるべきことに集中できるようになりました。

これは勉強時間について、あれこれ考える必要がなくなったからです。

つまり、あなたがこれから先、能動性を高め、同時に集中力も高めたいと願うのであれば、そのための方法はとてもシンプルです。

ただ、勉強時間を記録していくだけなのですから。

具体的な勉強時間の記録方法は、これまでに述べてきた通りに、「今日だけでもリスト」に実績時間を書き、それをスマホアプリなどに転記していくだけですが、ここにも細かいルールがあるので、次からくわしく紹介していきます。

2 勉強時間はこうして積み上げる

能動性を高めるためには、足跡となるものを一見してわかるようにしておく必要があります。

勉強をしていくうえで積み上がっていくものとして、勉強時間以外に、勉強の量（内容）がありますが、能動性においては、勉強時間のほうがわかりやすいことを、あなたはご存じでしたか。

スマホアプリで勉強時間を積み上げる

あなたがこれまでに勉強してきた足跡を記録するために、たとえば「何を勉強した」という記録を残していたとしても、それを一覧で確認したところで、なかなか能動性には結びつきません。なぜなら、わかりにくいからです。

しかし勉強時間であれば、一見して「～時間勉強した！」ということがわかるので、それが足跡となって、能動性を高めることができます。

そのうえで、勉強時間を紙に集計していくことは難しいので、スマホアプリを活用していきましょう。

あなたが今日の勉強を終えた時点で、第5章でお話しした「今日だけでもリスト」では勉強時間の実績が書かれています。

この勉強時間をスマホアプリへと転記します。

たとえばわたしが公認会計士試験の勉強でも使用し、かつ、執筆活動や仕事での自己学習でも今なお使用している『Studyplus』というスマホアプリの場合、「レポート」という機能によって「月」「週」「日」ごとの勉強時間を見ることができて、なおかつ、これまでの総勉強時間も確認できます。

無理に『Studyplus』にこだわる必要はありませんが、興味があるのであれば、無料なので、ぜひ試しに使ってみてください。

なお、わたしが公認会計士試験の勉強のためにかかった総勉強時間は3635時間

これがわたしの足跡（勉強時間）

ログ数	先月累計	今月累計	総計勉強時間
2854	202 h	145 h	3635 h

目標
公認会計士

このように勉強時間をスマホアプリで管理しておけば、すぐに足跡（勉強時間）を確認できます。

ですが、これは公認会計士試験の論文式試験を受験し終わった時点でのスクリーンショットを保管していたからこそ、わかることでもあります。

あやふや＆過大計上で大丈夫

ここからは、スマホアプリへ記録する際のルールについて確認していきます。

まず、勉強時間の記録は、1分単位で記録する必要はありません。

実際、わたしが公認会計士試験の勉強にかかった勉強時間は、3635時間ぴったりではありません。しかし、それはまったく重要なことではありません。その計測を誤ったところで、何ら合格・不合格には影響しないからです。

勉強時間はあくまでも、足跡を簡単に確認するためだけに使用されます。その計測はあやふやで、かつ、過大計上で大丈夫です。具体的には、次のルールによって勉強の実績時間を記録していました。

- 講義は必ず180分（3時間）で記録
- 勉強実績は15分単位で記録

わたしは「資格の大原」という資格の予備校の通信講座にて、DVDプレイヤーで等倍速にて受講していましたが、1回の講義の時間は180分未満です。

だいたい150分くらいで、短いと135分くらいでした。しかし、わたしはこれらをすべて180分として記録していました。これこそが勉強時間の過大計上です。

なぜなら、実際の講義時間を厳密に管理することが面倒であって、また、講義の途中でDVDを止めてテキストに書き込みをすることがあり、その時間を加味すると講義時間＋αが実際の勉強時間になっていたためです。

それらをひっくるめて「講義を受けたら180分」としていました。

また、講義以外の勉強時間はすべて15分単位で記録していました。

たとえば1つの勉強内容を終えるために40分かかった場合は、45分と記録し、35分の場合は、逆に30分と記録します。

記録を1時間単位にすると大きすぎて困り、30分単位でも困り、5分単位だと細かすぎて面倒です（実際に5分単位も1分単位も試してみたことはあります）。そして最終的に15分単位に落ち着きました。

当然ですが、面倒なことは続きません。能動性を高めるために勉強時間を記録する必要があっても、その記録自体が続かなければ意味がありません。

勉強時間の記録は、徹底的に面倒な要素を排除していきましょう。勉強期間が長くなるのであれば尚更です。

ちなみに講義を受けるとき以外は、「勉強をし始めた時刻」をメモ帳やノートの空いているところに走り書きし、「飽きたときの時刻」を確認することで、差数を計算していました。ですので、ストップウォッチは一切、使っていません。

たまに「勉強をし始めた時刻」を書くことを忘れることもありましたが、そのときは「まぁこのくらいかな」という目安で計上していきました。

このくらいのテキトーさで大丈夫です。

さて、ここまでが「勉強時間の取り扱い説明書」です。

勉強時間は、取り扱いを間違えると危険です。

勉強時間を増やすためだけに勉強してみたり、平均勉強時間や知り合いの勉強時間と比べて落ち込んでしまったり、など、とにかく拡大解釈してしまいがちです。

だからこそ、慎重に取り扱う必要があります。

こうして勉強時間を適切に取り扱うことができれば、余計な悩みも葛藤も起こらず「心の力」をムダに消費することもありません。

心はラクになり、もっと勉強に専念することができますよ。

3

苦しみは「慣れの力」で取り払われる

最後に、勉強時間と密接に関わりのある「慣れの力」について説明していきます。勉強に慣れたという実感があるとき、それは「慣れの力」という心の力が働いている証拠です。

「慣れの力」を高める方法

「慣れの力」は極めて長期的で、勉強時間が積み重なっていくにつれて、どんどん力を増していきます。

逆に言えば、**勉強時間が積み上がっていないと、絶対に生じることがない力です。**

では、この長期的な「慣れの力」を高めるためにはどうすれば良いのでしょうか。

ここでわたしが採用していたのが「勉強時間ゼロの日をつくらない」こと。

つまり、勉強をしなかった日を2年間のうちに一度もつくらなかったということです。

こう聞くと、とても真面目で勤勉に聞こえるかもしれませんが、そうではありません。

これも「慣れの力」が関係しています。

どういうことかと言うと、わたしは一度でも勉強時間ゼロの日をつくってしまうと、次の日もゼロになってしまう可能性が極めて高いことを知っていました。

それがわたしの性格であり、性質であると。

わたしはそもそも切り替えがあまり得意ではありません。だからこそ、工夫で乗り越えるしかありませんでした。

そのための工夫が、前章の休息法や、今回の「勉強時間ゼロの日をつくらない」でした。

とはいえ、これは本当に人それぞれです。

実際、職場の上司や同期、部下の方法はさまざまで、お風呂に入るまで勉強して、お風呂に入ったあとは一切勉強しないと決めていた人もいましたし、週に一度のリフレッシュ日をつくっていた人もいました。

そういった自分で決めた、無理のないルールを守ることが大切だと思います。

必ずしも「ゼロの日をつくらない」が万策ではないことにはご留意ください。

何より大切なのは、自分の心に寄り添うことであって、自分はどうか、を考えてみることです。

「慣れの力」の強さを測る尺度は？

第5章で説明した「飽きの力」は、今日のうちに何度も生じる突発的な力なので実感しやすかったと思いますが、「慣れの力」は長期的で、うっすらと生じる心の力のため、気づきにくい傾向にあります。

しかし根拠がなく、実感できないままだと、それはスピリチュアルと同じです。

ということで、ここでは実際に感じていきましょう。

「慣れの力」は力であって、力には当然、強さがありますが、これを測る尺度は「勉強しないと気持ち悪い」です。

「これまで勉強していた自分」と「今、勉強していない自分」の差が、「慣れの力」です。

「慣れの力」が強いほど、気持ち悪く感じる心が大きくなり、そして、勉強をしない日がどんどん長くなっていくにつれて、気持ち悪さは失われていき、いずれ「慣れの力」もすべて失われます。

わたしが最も「勉強しないと気持ち悪い」と感じたのは、公認会計士試験の論文式試験の翌日だったと記憶しています。

「もう勉強しなくても良い！　やった！」という解放感よりも「あ、もう勉強しなくても良いのか」という不思議な感覚とともに、勉強していない自分自身に対する違和感が生じました。これが「勉強しないと気持ち悪い」の正体です。

あなたも経験したことがあるのではないですか。直近で思い出せないようであれば、高校生以前の試験週間などを思い出してみましょう。

「慣れの力」は、敵にすると厄介ですが、味方にすると、とても心強いものです。

心は常にあなたにぴったりとくっついている、いわば人生の伴走者ですが、「慣れの力」も同じです。あなたが手放そうとしない限り、ずっと傍にいてくれます。勉強を「慣れの力」が後押ししてくれていると考えれば、すごく安心できますよね。ぜひ「慣れの力」を感じながら、勉強を進めていきましょう。

第7章

「習慣化」のムダを省く③

「インプットポイント」でスイスイ勉強が進んでいく

1 インプットポイントを置けば勉強はどんどん進む

ここからは「習慣化」のムダを省くことについての最後の章となります。

計画を立てずに勉強を続けて、最難関資格と呼ばれる公認会計士試験に一発合格することは、特別に思えるものでしょうか。

わたしに特別な才能があったからでしょうか。

いいえ、間違ってもそうではありません。むしろ、わたしに「計画を立てる才能がなかったから」こそ、合格できたのだと思っています。

計画信仰から抜け出した先にあったもの

第1章でご説明したように、わたしは「計画を立てなければ、合格（目標達成）できない」という思い込みを捨てて、計画を立てずに勉強することに決めました。

これは、計画を立てることが苦手だったから、というのが理由です。

そもそもの話ですが、計画は「逆算思考」と呼ばれる思考法で立てます。

逆算思考では、ゴール（目標）から逆算して、「今月、何をすべきか」「今週、何をすべきか」「そのために、今日、何をすべきか」を考えますが、わたしはこれが苦手で、今でも苦手です。

逆算思考が苦手なわたしがまず生み出したのは、第5章でご紹介した「一日坊主習慣術」ですが、これは逆算思考の対にある「積み上げ思考」によるものです。

また、計画を立てずに勉強を続けていくためには、「勉強を新しい分野に進める仕組み」をつくる必要があると考えました。

なぜなら、勉強を新しい分野に進めなければ（新しい内容を学ぶ、インプットしなければ）、いくら復習を繰り返しても、非効率になってしまうためです。

これは、第2章で紹介した「第3の効率の根：整える——手待ち時間をゼロにする」を無視してしまっていることによるものです。

そして「積み上げ思考」と「勉強が進む仕組み」が掛け合わされて、勉強法として落とし込まれたものが、ここから紹介していく「インプットポイント」です。

積み上げ思考×勉強を新しい分野に進める仕組み＝インプットポイント

計画は、ゴール（目標）までを「線」で見ますが、インプットポイントは、ポイントとあるように「点」で見ます。

具体的には、今日から数日後にインプットポイントが置いてあり、その日からさらに数日後にインプットポイントが置いてあると考えます。

ゴールから逆算して、どう、ではなくて、今日から考えて、どう、と考えます。

もしあなたが計画を立てることが苦手なのであれば「逆算思考」が苦手ということになりますが、その代わりに「積み上げ思考」を磨くのはどうでしょうか。

線をつくろうとするのではなく、点をつなげていけば、いずれ線となる、と考えてみるのはいかがでしょうか。

こうして工夫していけば、逆算思考が苦手なことは欠点ではなく、大きな武器になっていくことでしょう。

置き方をマスターしよう

ここでは、具体的なインプットポイントの置き方について紹介していきます。

利用するのは、ＬＬ勉強法でもお馴染みのルーズリーフです。

作成したものをイラストにすると、次頁のようになります。

インプットポイントはルーズリーフの上に置く

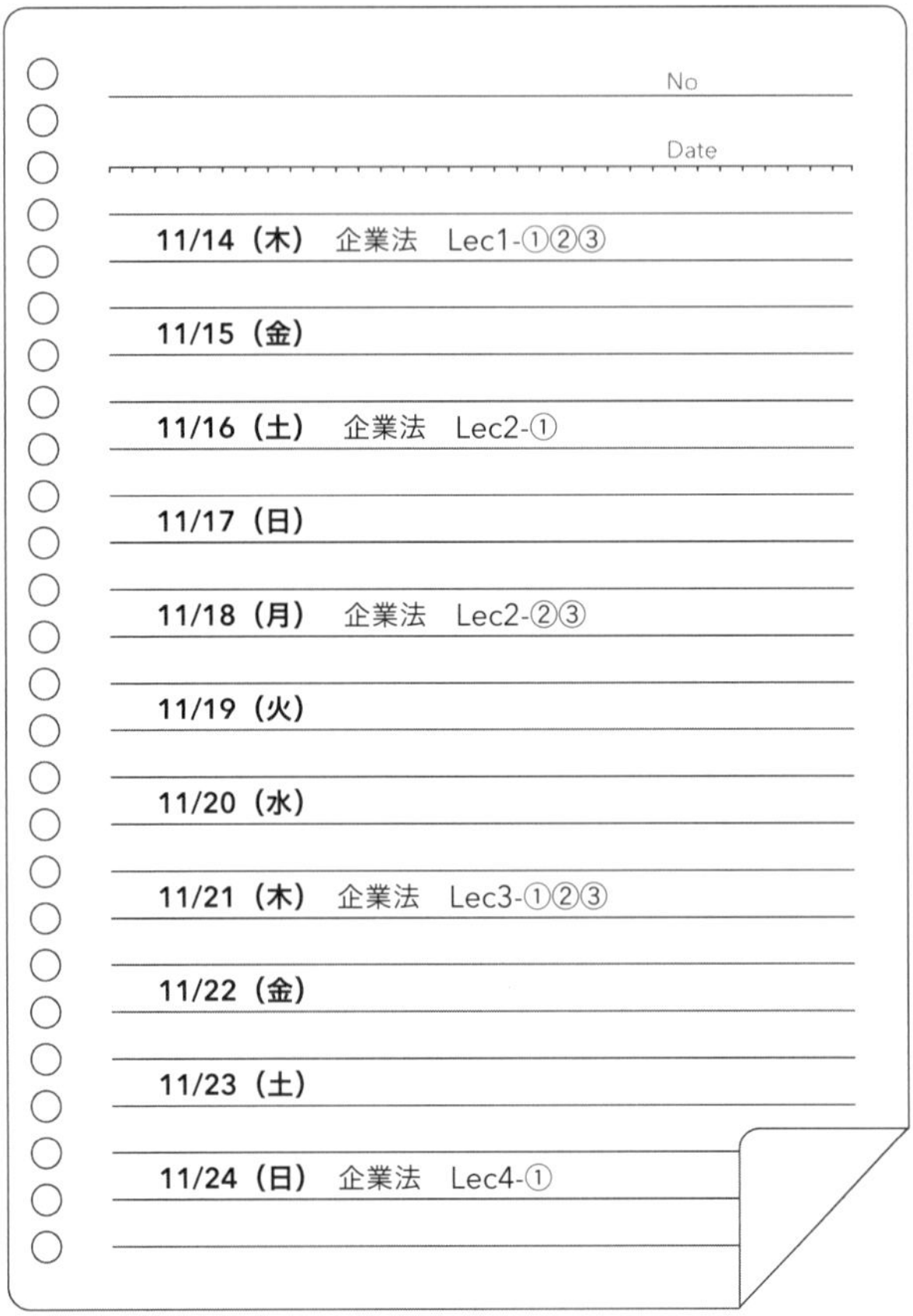

ルーズリーフの大きさにもよりますが、だいたい10日から14日先まで置きます。わたしも使っていたB5サイズのルーズリーフであれば、ちょうどよく収まるはずです。

ここでの各インプットポイントは「この日までに、これをやる」ではなくて「この日に、これをやる」ことを意味しています。これがインプットポイントを「置く」ということの意味です。

このとき、インプットポイントはなるべく連日で設定しないようにしましょう。連日で設定してしまうと、心の余裕がなくなってしまうためです。

基本的には1日おき、もしくは2日おき、場合によっては3日までなら空けても大丈夫です。

なお、作成したルーズリーフは、役目を終えた瞬間に破り捨てます。

イラストの例であれば、11月24日にはすでにゴミ箱の中です。

これは第5章で説明したような「今日だけでもリスト」を捨てる理由と同じように、過去における「予定」が役に立つことはなく、あくまでも実績だけを残す必要があるからです。

さらに言えば、このルーズリーフは「常に1枚」と覚えておいてください。

イラストの例であれば、11月24日以降のインプットポイントを置くのは、あくまでも11月24日以降になって（最後尾のインプットポイントを消化して）からです。

また、もし多科目ある場合、まずは全科目を「計算科目・論述科目」「暗記科目・理論科目」ごとに分け、復習により多くの時間がかかる「計算科目・論述科目」のインプットポイントを早めに置いていくようにします。

そのうえで、インプットポイントは、「2科目まで」をインプットポイントとして設定します。

たとえば4科目を同時並行的に学ぶ必要がある場合、最初のインプットポイント設定用のルーズリーフでは2科目を進め、次のルーズリーフでは残りの2科目を進めるといった具合に、間違っても4科目のインプットポイントを、1枚のルーズリーフの上に同時に置かないように気をつけましょう。

管理対象が2つから3つに増えた瞬間から、一気に煩雑になります。原則は1科目、例外は2科目、それ以上は認めないように決めておきましょう。

さて、こうして作成したルーズリーフを、わたしは勉強机の近くの壁に貼っていました。普段、家以外の場所で勉強をしている場合は、常に持ち歩けるようにしておきましょう。

いずれにせよ、常に目につくところに置いておくことが大切です。

「今日だけでもリスト」との組み合わせ

インプットポイントは、第5章で紹介した「今日だけでもリスト」に含めます。

これによって、「今日だけでもリスト」に、今日やるべきことがすべて集約されます。

203ページの図にあるように「今日だけでもリスト」には、まず何より先にインプットポイントを入れます。

そして空いた隙間に、その他の内容（たとえばLL勉強法で問題をつくったり、解いたり、既製の問題集や過去問の問題を解いたりなど）を入れます。

なお、次頁の「今日だけでもリスト」のイラストを見てわかるように、この例では「想定所要分数」を330分としていますが、もしこれが180分だったとしたならば、インプットポイント（イラストの例であれば企業法の講義を1つ）しか入りませんよね。

この場合、その日の「今日だけでもリスト」はインプットポイントを終わらせるだけで大丈夫です。

実際、わたしもインプットポイントとして、講義を受けるだけで終わる日が何回もありました。

肝心なのは、詰め込みすぎないことです。

そのためにも、まずはインプットポイントから入れていきましょう。

肝心なのは詰め込みすぎないこと

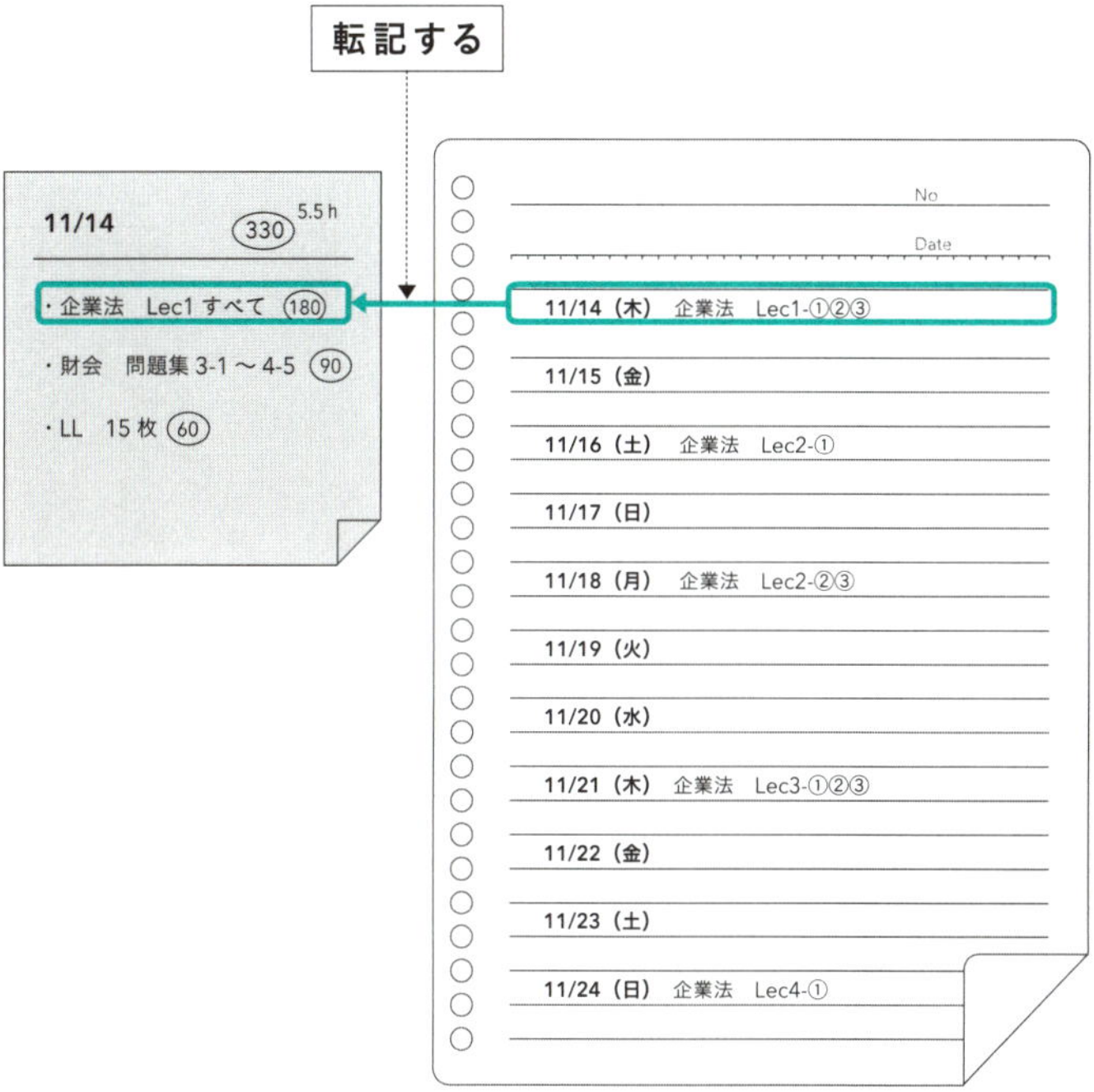
転記する
11/14
330
5.5 h
・企業法 Lec1 すべて 180
・財会 問題集 3-1 ～ 4-5 90
・LL 15 枚 60
No
Date
11/14（木） 企業法 Lec1-①②③
11/15（金）
11/16（土） 企業法 Lec2-①
11/17（日）
11/18（月） 企業法 Lec2-②③
11/19（火）
11/20（水）
11/21（木） 企業法 Lec3-①②③
11/22（金）
11/23（土）
11/24（日） 企業法 Lec4-①

2 インプットポイントって、どうやってつくるの？

ここからは実際に、インプットポイントをつくっていきましょう。インプットポイントとして設定するものは、俗に「インプット教材」と呼ばれるような、テキストや参考書、講義などですが、本書では、講義が用意されている場合は「講義（を受けて進む）」をインプットポイントにすることをオススメします。そのほうが「効率的」で「ラク」だからです。

インプットポイントは何にすれば良いの？

講義のほうが「効率的」なことは、第2章の「第1の効率の根：減らす――ムダを排除する」でも説明できます。

講義を受ける場合、テキストを読んだり、理解するためのポイントを押さえるという行為を、すべて講師にお願いできます。

つまりそれらのために必要な「心の力」を減らすことができます。

また「ラク」なことについては、注意力の側面から説明できます。

心理学からみると、注意力には、「選択的注意」と「受動的注意」とがあります。

たとえば、カフェで自分の席の近くで話している人がいて、その状態で手元の小説を読み、小説の内容が頭に入れば、そのときは意識的に小説の内容に対して注意を向けていることから、選択的注意が働いていることになります。

対して受動的注意は、何かの変化や呼びかけに対して無意識に引っ張られていることを意味します。

カフェの例であれば、近くで話している人の話の内容ばかりが頭に入っている場合、受動的注意力が働いています。

講義を受けることも受動的注意がメインとなり、意識的に注意を向ける必要がないことから「ラク」なのです。

とはいえ、講義がいくら「効率的」で「ラク」だからといって、受講するかどうかは迷うと思います。

なぜなら、講義には基本的にお金がかかるからです。しかも大抵の場合、お世辞にも安いとは言えません。

ですから、講義を受けるかどうかは「誰かに言われたから」ではなくて「わたしが、こう決めた」と胸を張って言えるようになってから決めましょう。

それも立派な戦略であって、勉強法なのですから。

インプットポイントの単位(長さ)はどうする?

ここではインプットポイントの単位(1つのインプットポイントの長さ)について説明しますが、ここでもブッダの「中道」の考え方が役立ちます。

1つのインプットポイントが短すぎても勉強が進まず、長すぎても1回ごとが負担になるので、「短すぎず、長すぎず」が中道を意識したインプットポイントの単位に

なります。

「短すぎず、長すぎず」は「朝いっぱい、もしくは夜いっぱい使えば、消化できる」くらいが適切です。これを具体的な時間に落とし込むと、短くとも最低1時間、長くとも3時間未満が妥当だと考えられます。

これは講義、テキスト（参考書）ごとに違うため、それぞれ見ていきましょう。

〈講義の場合〉

基本的には、講義1回を1インプットポイントとして設定するのが最もシンプルです。講義の時間が1時間以上、3時間未満に近いのであれば、1講義を1インプットポイントにします（1講義＝1インプットポイント）。

最近だとマイクロラーニングと呼ばれる、1講義当たり5分で設定されているものもありますが、細かすぎるので集計しましょう。

集計して1時間程度で切り分けることができて、かつ、区切りが良い場所があれば、それが1インプットポイントになります（集計した講義＝1インプットポイント）。

なお、講義を倍速や3倍速で受けたとしても、等倍速で受けたときと同じ時間だけ「今日だけでもリスト」へ実績時間として記録します。

厳密に測るよりも「1時間の講義を、30分で終えた！」の達成感を大切にするほうが重要です。なぜなら、合格したら「何時間勉強した」なんてどうでもよくなるのですから。

〈テキストや参考書の場合〉

テキストや参考書をインプットポイントにする場合は、目次を活用しましょう。可能であれば、目次の箇所だけ別途印刷しておき、インプットポイント設定用に持っておくことをオススメします。

目次は基本的に「章」や「節」で分かれていると思うので、それぞれをインプットポイントとして利用します。

テキストや参考書の目次がどのくらい細分化されているかは、学ぶ内容によってさまざまですが、理想を言えば「1章」を「1インプットポイント」にするのがわかりやすいです。

とはいえ、初めて学ぶ内容の1章分は分量としても多いので、インプットポイントを消化することに億劫さを感じてしまう場合は、章を分割しましょう。

いずれにせよ大切なのは、シンプルさです。

勉強が遅れることなく、かといって窮屈になりすぎないように設定していきましょう。

3 計画を立てずにインプットポイントを置くということ

この章の最後に、インプットポイントはどのくらい先まで置き続ければ良いのか、について確認していきます。インプットポイントを置くためにルーズリーフを利用していますが、これには実は理由があるのです。

インプットポイントは見えるところまで

ところで、あなたは計画を立てることの難しさを覚えているでしょうか。これは今日から離れる（長期間の計画を立てる）ほど、冷静さを失い自分に対する期待や希望、願望が強く生じることであって、第1章でもお伝えした通りです。

また、あらゆる計画術の本では、ゆとりのある計画を立てるべきとも言われていますが、ゆとりのある計画を立てること自体が難しいはずです。

なぜなら、ゆとりのある計画を立てたら立てたで、「本当にこれで十分だろうか」と不安に思ってしまうためです。これは「ゆとり」の基準が人それぞれだからです。

そして不安に苛まれた結果、気づけば綿密で窮屈な計画が完成してしまいます。

インプットポイントではこれを防ぐために、見えるところ（明瞭な範囲内）にのみ置き、計画を立てるときのように、長期、中期、短期のような区分はせず、あくまでもルーズリーフに書ける範囲（だいたい10日から14日先）のみに、置きます。

そして、その後のインプットポイントについては一切、考えません。そのため、計画を立てるときのような余計な期待、希望、願望が生じることはありません。

また、連日で設定しないようにルール化していることで、「ゆとりがあるか」についてあれこれ考えずにすみます。

このようにして、見えるところまで置いたインプットポイントは、あなたが勉強するにあたり「これだけは守る」と決めた唯一の約束です。

約束があれもこれも、ずっと続くと考えると、とても難しいように思えますが、「これだけ！」と決めておくと、できそうな気がしませんか？

勉強道の始まりを支えるのがインプットポイント

インプットポイントを置くにしても、ずっと置き続けることはありません。

必ずどこかで終わりがきます。

では、それはどこでしょうか。

これはすべて、プロローグで説明した勉強道で説明できます。

勉強道の最初は平坦でしたよね。

この平坦の箇所こそが、インプットポイントを置く期間です。

インプットポイントは丸太で球を動かす役目

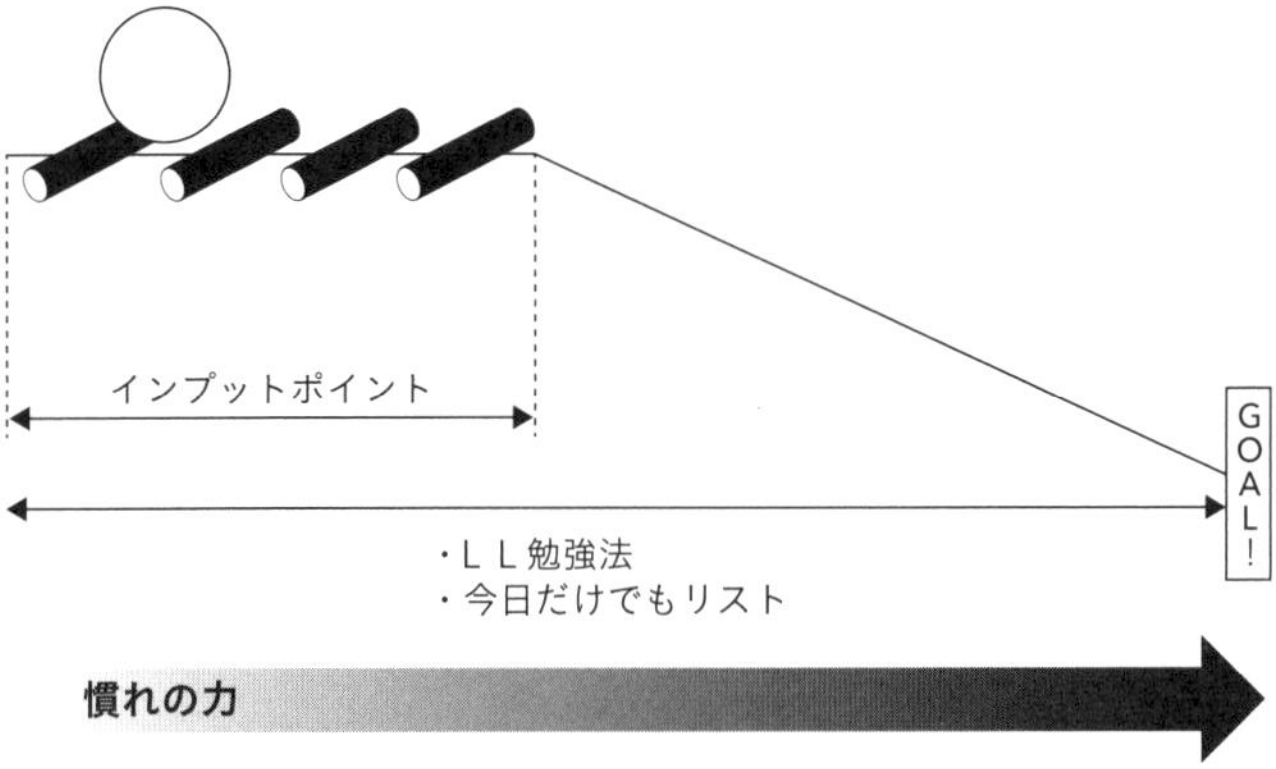

傾斜のない平坦な勉強道では、あなたの「心」を丸に戻したとしても転がりません。「心」を後ろから押すか、もしくは前から引っ張らなければ動きません。

たとえば砂浜に打ち上げられた大きな船を動かそうとするとき、力任せに押しても動きませんが、船の下に、一定間隔で丸太を置いていき、そのあとに後ろから押していけば、大きな船はどんどん進み、やがて大海原へと出ることができます。ここでの丸太こそが、インプットポイントです。

こうして、勉強道の平坦の箇所にインプットポイントを置くことによって、あなたの勉強はスムーズに進むようになります。

もちろん、インプットポイントを置いている期間中も、ＬＬ勉強法によって問題を作成したり、問題を解いたりしますが、この際にも最優先はあくまでもインプットポイントの消化です。

もし、すべてのインプットポイントを終え、勉強道が下り坂に差し掛かるときには、すでに第６章でご紹介した「慣れの力」も生じている頃です。

あとは下り坂をＬＬ勉強法、記号による管理といった「減らす仕組み」によって滑り降りるだけです。

つまり、とてもシンプルなのです。

インプットポイント修正のルール

わたしにとって、インプットポイントを死守することは、唯一の絶対的なルールでした。とはいえ、それでも対応しきれない「極めて例外的で、危機的な状況」も考えることができます。

その場合は、どうすれば良いのか、が、ここから最後に紹介していく内容です。

具体的に、どのような状況が「極めて例外的で、危機的な状況」なのかについては、「2回前のインプットポイントの復習がすんでいない状態で、今回のインプットポイントが来てしまった状況」です。

このときの修正のルールは、「インプットポイントの設定期間内で完結させること」です。

つまり、インプットポイント設定用のルーズリーフを新たにつくり直すことなく、すでに作成しているルーズリーフのなかで対応します。

たとえば、インプットポイントの設定期間内で、インプットポイントの日をずらす、もしくは、今回や次回以降のインプットポイントの単位を軽くしていく方法もあります。

単位を軽くしていくのは、結局先延ばしと変わらないことは確かです。

とはいえ、この場合でも、その先延ばしの影響は、次のインプットポイントの設定期間内で吸収すれば良いだけです。

計画のように、すべてを練り直す必要はありません。


このように、インプットポイントを修正するにしても、ルールがあることを知っておきましょう。

そしてインプットポイントならではの柔軟性の高さを活かしましょう。

そうすれば、どのような状況であれ、ムダなく、ラクに勉強を進めていくことができますよ。

第8章

周辺環境を整える

さらに勉強が楽しいものに変わる「仕掛け」を教えます

1 鉛筆やシャーペンよりもボールペンをオススメするわけ

ここからは、わたしが工夫してきた、スイスイ勉強がはかどる、細かい勉強法のコツについて、余すことなく紹介していきます。「これが正解!」というよりも、「こういう選択肢もあるんだ」くらいの心持ちでお読みください。

「消せない」はメリット

それでは、まずは筆記具から始めましょう。
わたしが公認会計士試験の勉強期間中に使っていた、主な筆記具はボールペンです。
ボールペンを使えば、次のようなメリットを得ることができます。

- 消しかす（ゴミ）が出ないので机が汚れない
- 書き直しの時間を削減できる
- 摩擦を減らして手の負担を軽減できる
- 勉強した軌跡を形として残せる

なかでも「摩擦を減らして手の負担を軽減できる」が最も大きなメリットです。

ひたすら手で文字を書き続けるＬＬ勉強法において、摩擦は最大の敵になります。

１日あたり１千字程度であれば大差ありませんが、それ以上になってくると、摩擦による影響は蓄積されていきます。

いかに手の負担を軽くして書き続けるか。

その観点から見れば、筆記具としてボールペンが最適であることがわかると思います。

また「勉強した軌跡を形として残せる」というメリットについては、またあとで説明するので楽しみにしておいてください。

オススメのボールペンはこの2つ

ひと言で「ボールペン」といっても、その種類によっては、摩擦が大きなものもあります。そこで、わたしが使用している摩擦の少ないボールペンを紹介していきます。

〈実際に使用していたボールペン〉

- 公認会計士試験&修了考査：ジェットストリーム
  〔三菱鉛筆 ジェットストリーム 多機能ペン 4&1 ／0.5㎜ ネイビー〕
- 現在：エナージェルインフリー(ブルーブラック)
  〔ぺんてる ゲルインキボールペン エナージェルインフリー／0.7㎜ ブルーブラック〕

ジェットストリームは、おそらく最も有名なボールペンですが、わたしもこのボールペンによって公認会計士試験を突破しました。

短答式試験当日はマークシートなのでシャーペンを使用しましたが、それ以外はすべてこのボールペンで対応しています。実際にＬＬ勉強法を乗り越えた実績を持つボールペンなので、自信を持って試しても良いと思います。

次にエナージェルインフリーは、個人的にはこの「ブルーブラック」がとても好きなので、今でも日常使いしています。そもそも限定販売だったものが人気となった結果、継続販売されることになった逸品です。

エナージェルインフリーは、インクの性質上、インクの減りが他のボールペンに比べても圧倒的に早いので、コスト面を考慮するのであればジェットストリームのほうがオススメできます。

わたしは現在、エナージェルインフリーを主に使用しているものの、これはノートなどの比較的大きな紙にアイデアを書き出す際に限ります。

逆に、メモ帳など比較的細かい箇所に書き込む必要があるときは、ジェットストリームを使用しています。このように使い分けることも良いのではないでしょうか。

2

テキストや参考書は、汚しまくろう

わたしは公認会計士試験の勉強をするとき、テキストのあらゆる箇所にボールペンで書き込んでいました。テキストや参考書に書き込んで汚すことに、抵抗がある人もいると思います。しかし、学ぶべき内容が難関であればあるほど、書き込みをオススメします。

たくさん書き込むことが醍醐味

書き込みの色は、重要な箇所は赤色（最重要な箇所についてはこれに蛍光マーカーを追加）、その他は基本的には青色、手元に青色がないときは仕方なく手元にある色（黒色や緑色）というテキトーぶりで、ほとんどルール化されていないことは申し訳ないところです。とはいえ、何色のインクであろうとも、徹底的に書き込むことについては大切にしていました。

のちに聞いたわたしの知り合いの話でも、全員が書き込みを行っています。

公認会計士試験や、その他の高難易度と呼ばれる試験を受ける場合は、問答無用でテキストへの書き込みを行いましょう。余白がなくなるくらい書き込めば一人前です。

そもそもテキストや参考書に書き込まなければ、情報を集約できません。

講義のなかで講師が「ここが良く出ます」や、自分でテキストや参考書を読んで、ここが重要だと感じたポイントをメモとして残す先は、テキストや参考書の他にありません。

ただ、いくらテキストや参考書に書き込んだとしても、書き込まれたテキストや参考書を「読んだだけ」で覚えられる人はそう多くいないので、ここで採用されるべき勉強法が、第3章と第4章で紹介した「LL勉強法」なのです。

あなたがLL勉強法を採用するのであれば、徹底的に活用するためにも、テキストや参考書を汚しまくりましょう。

汚れたテキストや参考書から、汚れたルーズリーフを作成していくことも、楽しいことですよ。

シンプルな一色刷、二色刷がオススメ

テキストや参考書はシンプルなほうが書き込みやすく、強調しやすいです。

カラー印刷されているテキストでは、いくら目立つ色で書き込みや下線、マーカーを引いたとしても、テキストの色に勝つことができません。しかしシンプルな一色刷や二色刷であれば、簡単に強調することができます。

もし、テキストを選べるのであれば、ぜひシンプルなものを選んでみてください。

わたしが公認会計士試験で使用した「資格の大原」のテキストが一色刷りで、だからこそ白黒が好きなのかもしれませんが、今でもテキストや参考書、専門書などを選

ぶときは一色刷か二色刷のものを好んで使っています。

なお、すでにカラフルなテキストや参考書を買っている場合は、ここの内容をすべて忘れてください。無理に新しいものを買いに行く必要は一切ありません。シンプルなテキストを買い直すことよりも、手元のテキストや参考書を信じることのほうが大切ですから。

3

「見える化」で、能動性をもっと高める

能動性は第6章にて「心が少しだけ前傾姿勢にある状態における、傾き度合い」と説明しましたが、この能動性をさらに高めるための方法は「見える化」です。

勉強時間をスマホアプリなどに残しておくことも「見える化」でしたが、今回の見える化は、さらに物質として「見える化」していきます。

使い終わったノートや芯を残して、積み上げる

物質として、勉強した足跡を「見える化」するための方法には、「使い終わったノートを残す方法」と「使い終わったボールペンの芯を残す方法」の2つがあります。

わたしは公認会計士試験の勉強において、「使い終わったノートを残す方法」を採

用していました。

合格が判明した時点ですべてを廃棄しており、当時の写真も消えてしまっているため、厳密に何冊になったか詳細には覚えていませんが、膝の高さに積み上げられたB5サイズのノートが8列くらいあった気がします。

あなたが学ぶ内容が、計算科目・論述科目中心の場合は、ノートを残す方法が良いと思いますが、暗記科目・理論科目が中心の場合は、ボールペンの芯のほうが能動性は高まるかもしれません。

注意点として、「見える化」として残す物質は、物質それ自体が意味を持たないものにしましょう。

使い終わったノートや芯が、ほとんどただのゴミであるように、積み上げるものを何にするか？も吟味する必要があります。

間違っても、LL勉強法で使用したルーズリーフは残さないように気をつけてくださいね。ルーズリーフは捨ててこそ意味があるのですから。

「試験日までどのくらい？」は巨大カレンダーで一目瞭然

勉強をしてきた、という足跡を物質として「見える化」できたのであれば、（試験がある場合に限り）試験まであとどれくらい？も「見える化」できます。

わたしは次の巨大カレンダーを使用していました。

〔トライエックス（TRY-X）スケジュールポスター B2ヨコ型〕

カレンダーは、次のような印で強調していました。

- 「試験日」はピンクの蛍光ペンで最大限に強調
- 「試験の1か月前の日」をオレンジの蛍光ペンで強調
- 「試験1か月前の日」から「試験日」までの日数を各日付に記入
- 「今日」より前の日付は×や斜め線で削除

このように、余計なことは極力書き込まないようにしています。巨大カレンダーはルーズリーフとは違い、つくり直すことができません。慎重に取り扱っていきましょう。

また、注意点は次の4つです。

1 試験日までの日数をすべて書かないように

日数を書くことはカウントダウンを意味しますが、日数が大きいほど意味が薄れてしまいます。「あと7日!」と言われると気が締まりますが、「あと87日!」と言われても気が締まりにくいものです。

2 インプットポイントの設定を、ここにしないように

情報をなるべく1つにまとめたい気持ちは素敵ですが、かといってインプットポイントの設定と、巨大カレンダーの目的は違います。インプットポイント設定用のルーズリーフは、あくまでも「見えるところまで」のインプットポイントを置いていくことでした。巨大カレンダーは試験日まで見渡すことが目的なので、両者に矛盾が生じてしまい、インプットポイントの良さがなくなってしまいます。

3 勉強の実績時間を書かないように

実績時間はすべてスマホアプリなどで、一覧にして管理します。カレンダーに書いても、集計できず、ごちゃごちゃして、巨大カレンダーのシンプルさが失われます。巨大カレンダーはあくまでもシンプルに心がけていきます。

4 日数はわざわざ数えない。あくまでも長さで、ざっくりと

これは作成上の注意点というより、取り扱い上の注意点ですが、いくら試験日までの日数を確認できるとはいっても、日数をわざわざ数える必要はありません。せめて1か月前から意識するくらいで足ります。

巨大カレンダーの良さは「1日の大きさが同じ」なことです。**そこで、この良さを活用し、試験日までの長さを、実際のカレンダーの長さでざっくりと確認します。頭で考えるのではなく、心で感じます。**

わたしはこのカレンダーも壁に貼っていましたが、カレンダーを見て「あぁ、だいたいこのくらいの長さか」が確認できれば、巨大カレンダーの目的は果たされます。

今日の勉強の締めは、勉強道具の片付け

わたしの場合、必ず、今日の締めは「勉強道具を片付けること」にしていました。勉強に飽きて、机から逃げ出すときは（それどころではないので）片付けませんが、「今日だけでもリスト」をすべて終えている場合、もしくは終えていなくても疲れて限界を迎えた場合は、勉強道具を棚に収めていました。

なぜ、わざわざ収めていたのかというと、これは「今日だけでもリスト」を朝に作成する理由（第5章参照）と同じように、朝は白紙で、まっさらであるべきだからです。

朝起きて、勉強机に向かったとき、机の上に昨日の勉強した残骸があると「気持ち新たに」が極めて難しくなります。

一日坊主習慣術では、常に今日だけを見ます。昨日は介在させてはいけません。そ

のためにもやはり、勉強道具は今日のうちに片付けておく必要があります。

また「今日の勉強が終わった」という心の区切りを、「勉強道具を片付ける」という実際の行為によって具現化することもできます。

これによってダラダラと勉強をしてしまうことがありません。

勉強道具を片付けた瞬間に「今日はもう勉強しない！」と宣言したようなものなのですから。

エピローグ

最後のゴールはこうして手に入れる

1

楽しいから、勉強が続く

わたしが「ずっとこんなふうに勉強していたい」と思うようなラーナーズハイになれたのは、そこに楽しさがあったからでした。走り続けていると、いずれ楽しくなってくるように、勉強をし続けていると、それが楽しさにつながることもあるのです。

勉強は楽しんでなんぼ

真面目に、仏頂面で、もしくは歯を食いしばって勉強するよりも、楽しみながら勉強するほうが、効率も上がることは、何となくおわかりいただけると思います。

公認会計士試験の勉強の思い出は、わたしにとって、辛かったものではなく、楽しいものです。「その頃に戻りたいか?」と言われると嫌ですが、それでも「楽しかった」という思い出で完結しています。

「勉強は楽しいものだ」という言葉がキレイゴトに聞こえるのは、おかしなことではありませんが、「好きなことを学ぶことは楽しいことだ」は腑に落ちる言葉だと思います。

結局のところ「いかに自分を律して、計画通りに勉強を進めるか」よりも「いかにシンプルに、楽しむか」が大切ではないでしょうか。

勉強を楽しむ心を取り戻そう

第1章では、勉強の苦しみという思い込みを雨雲と表現し、苦しみから脱したときに空は晴れ渡り、虹が架かると述べました。

雨雲は風が吹けば飛ぶほどのものですが、勉強の楽しさは太陽であって、雲がかかっても決してなくなったりしないものです。

どれだけ雨が降り、薄暗くなったとしても、雨雲の上には常に太陽があります。

つまり、常にあなたには「勉強を楽しむ心」が控えています。

「勉強を楽しむ心」を取り戻すために心がけておいてほしいのは、「勉強法で心をどうにかしようとしない」ことです。

あなたがすべきことは「あなたの心を、勉強法に合わせる」のではなくて、「勉強法を、あなたの心に合わせる」ことです。

何度も繰り返しお話ししてきましたが、心を勉強法に合わせると、「心の力」のムダが生じます。楽しくない勉強法のできあがりです。

たとえば、科学的に正しいからという理由で、特定の勉強法を盲信してみたり、もしくは科学的に立証されていない勉強法が自分に合うかどうかを試すことなく、頭で考えただけでわかったつもりになることも同じです。

ぜひ、勉強を楽しむためにも、勉強法を、あなたの心に合わせてみてください。

常に心を優先してみてください。そうすれば、楽しく勉強することができますよ。

2 シンプルに考えれば、心がラクになる

あなたが勉強する「最終目的」は何でしょうか。

試験を受ける場合であれば、試験に合格すること、スキルアップであれば、そのための知識を身につけることですよね。では、最終目的を果たすための手段は何でしょうか。そうです。勉強を続けていくことです。

アリストテレスに学ぶ「シンプルに考える技術」

ここで、あなたが「なぜ勉強をするのか」について、「手段」と「目的」の視点から整理しておきましょう。整理しておくことで、シンプルになります。

この手段と目的の関係について整理した哲学者がアリストテレスです。

アリストテレスは手段と目的の関係について、「〜のための手段」「〜のための目的

であり、～のための手段」「～のための目的」の3つに分類しました。
勉強であれば、次のような関係となります。

〈なぜ勉強をするのか、のシンプルな流れ〉

勉強法を学ぶ、習慣術を学ぶ→勉強を続ける→試験に合格する、スキルアップする

これに手段と目的の関係を追記すると、次のようになります。

勉強法を学ぶ、習慣術を学ぶ（勉強を続けるための手段）→勉強を続ける（勉強法を学ぶ、習慣術を学ぶことの目的であり、試験に合格する、スキルアップするための手段）→試験に合格する、スキルアップする（勉強を続けることの目的）

これは「手段と目的の連鎖」であって、一方向の矢印によって表現できる極めてシンプルな流れです。

このように目的を意識することで、すべてがシンプルになります。これはシンプル思考であって、「シンプルに考える技術」でもあります。

シンプルだから心がラクになる

シンプルに考えることをせず、手段と目的を混同してしまうと、煩雑になりがちです。煩雑になると、心がざわめき、散漫な心も生じ、心がラクになりません。

たとえば、勉強時間を1分単位で記録することも煩雑です。

1分単位で記録しても、それが合格につながることはありません。合格してから勉強時間を振り返ることなんて、一切ないのですから。

もしくは、時間管理として、今日の計画表を15分単位で作成して、理想と現実の生活を見比べて、この時間にこれだけテレビを見ていたから、この時間で勉強しよう、と理想と現実のギャップを埋めようとする方法があります。

この方法は、コンサルティングなどでは採用されますが、個人的な生活で採用すると、いささか面倒で、嫌になるし、続きません。

そもそもこの手段の目的は「勉強時間を捻出するため」だと思いますが、本当に、勉強時間を捻出するために、すべての時間の見直しが必要でしょうか?

15分単位まで見直す必要はあるでしょうか?

見直したとして、本当に理想通りに勉強を続けることができるでしょうか?

これらの質問に「はい」と答えられないのであれば、この方法を採用する必要はなく、別の方法で勉強時間を捻出するようにしたほうが良いでしょう。

たとえば少しだけ早く起きてみたり、仕事の休憩時間を活用してみたり、仕事終わりにカフェに寄ってみたり、など。


あなたが今、採用している方法は、本当に、目的につながっていますか。シンプルですか。心がラクですか。


頭で考えても整理できない場合は、先ほどのように矢印で考えてみましょう。

矢印があちこちに移動していれば、それはシンプルではなく、どこかに無理が生じている証拠です。

あなたが試験に合格したり、スキルアップするためには、何が必要ですか？

どんな手段が必要ですか？

シンプルに問い直してみてはどうでしょうか。

あれこれよりも、ただ1つ。

これを心がけていけば、きっと答えは見つかるはずですよ。

3 スタートは、いつも今日から

本書を読んで「自分に合っているかも」「やってみたい」と思ったのであれば、ぜひ今日から始めてみてください。これらは、あなたの心が発した合図です。この合図を見逃してしまうと、もう二度と合図を出してくれないかもしれません。

「合っているかも」「やってみたい」が心の合図

スタートは、いつも今日からです。人生が今日、今日、今日と続いていくように、何かが始まるときも常に今日です。

今日から、ということは、今日までのことは問題にならないことを意味しています。昨日までのことはすべて忘れましょう。

昨日まで勉強を続けていたか、もしくは挫折を繰り返し、勉強を続けることができない自分に辟易していたかはわかりませんが、いずれにせよ、そんなことはどうでも良いのです。肝心なのは今日なのですから。

今日まで勉強が続かなかったのであれば、今日から始めてみませんか。「合っているかも」「やってみたい」という心の合図を大切にしてみてください。

「失敗してもいい」が背中を押してくれる

「失敗したらどうしよう」「この勉強法を採用しても、効果が出なかったらどうしよう」という不安は誰にでもあります。

勉強法を試すにしたって、そのための力と時間が必要です。しかし、頭であれこれ考えたところで、その勉強法が自分に合っているかはわかりません。

「自分に合っているかも」「やってみたい」というせっかくの心の合図を打ち消すのが「失敗したらどうしよう」ですが、これに対抗する方法は「失敗してもいい」と思いながら試してみることです。

わたしも勉強についてはたくさん失敗してきました。

3時間以上かけて綿密な長期計画、中期計画、短期計画を立てたものの、その3秒後に破り捨てたり、簿記3級をテキストで学び終えたあと、過去問の難しさに圧倒されて挫折しそうになったり。

公認会計士試験の論文式試験の企業法で、論述科目なのにLL勉強法を採用しようとしてムダな時間を費やしてしまったり、インプットポイントを連日で置いてしまい、どうしようもなくなったり。

また、LL勉強法の応用としてフラッシュカードに作問したものの、膨れ上がるフラッシュカードの束の持ち運び辛さに悲しんだり。

何かうまくいかなかった勉強法があるのであれば、「自分ならどうするか」「どうすればうまくいくか」を考えてみてください。

大切なのは、採用した勉強法がうまくいくかどうかという事実よりも「なぜうまくいったのか、なぜうまくいかなかったのか」の問いかけです。そのためにも本書の内容を参考にしてください。

わたしはこれまで紹介してきた勉強法、習慣術によって勉強を続けました。
その最終日、公認会計士試験の論文式試験の前日はこう思っていました。

「もうやり切った。これで不合格ならもはや皆、不合格」

失敗を繰り返したからこそ、このような自信が生まれたのです。

あなたが最終的に採用する勉強法が、本書の勉強法なのか、もしくは本書を工夫した勉強法なのか、はたまた、まったく別の勉強法かはわかりませんが、いずれにせよ「わたしの勉強法はこれだ！」と思えるような勉強法があれば、それは自信となります。
そのためにも、まずは「失敗してもいい」から始めてみませんか。

おわりに

「心」を味方にすれば向かうところ敵なし

ここまでお付き合いいいただきまして、ありがとうございました。

本書出版の打診を受けたのは、今年の春のことでした。

それから早、半年以上が過ぎようとしています。

この半年間、公認会計士として働きながら、それ以外の時間を執筆に充てる毎日を送っていました。

本書を出版するにあたって、快く協力してくれた妻と息子、そして出版の機会を与えてくれた大和出版の岡田様に、心より感謝申し上げます。

また、今こうして本書を読んでくれているあなたにも心より感謝いたします。

本を読む人がいなければ、本を書く人はいません。あなたがいるから、わたしがいるのです。

すべては皆様の協力のおかげです。本当にありがとうございました。

最後に、この場をお借りして申し上げておきたいのは、次のことです。

〝すべては「心」を最優先にしなければならない〟

するべきだ、ではなく、しなければならないのです。

ここでの「心」とは、やる気やモチベーション、願望、夢、希望、劣等感、嫌悪感、焦燥感といった感情や、感情に火をつけるものをすべて取り払ったときに「在る心」のことです。ただそこに在る、心です。

わたしは「心」を最優先にすることを「心第一主義」と呼んでいますが、ぜひあなたも「心第一主義」として今後の生活を歩んでほしいと思っています。

なぜなら勉強に限らず、仕事も、家事もすべて「心」を無下にしてしまっては台無しになってしまうからです。

「心」を「亡」くした「忙」しい毎日の、その末は悲惨です。

わたしも過去、忙しい毎日を送っていて、送ろうとしていました。

しかし、そこで得たものは少なく、失うものは多かったです。

本書も「心第一主義」にもとづいて、すべて「心」に沿った内容にしています。

心第一でいれば、今後、どれだけ効率的な勉強手法、画期的な習慣術が生まれようとも、それらに流されずに自分に合ったものを選べるはずです。

あなたのこれからの勉強を支えるのも、妨げるのも、いずれもあなたの「心」です。「心」を味方にすることができれば、向かうところ敵なしです。


やがてあなたが無事、目指すゴールに到達したあかつきには、本書へのレビューにてお伝えくださると嬉しいです。

本書が、あなたの勉強習慣を変え、人生を大きく動かすきっかけとなっていることを願っています。

谷崎玄明

学ぶ内容別　使用する教材

● 暗記科目・理論科目

		該当の章
主に使用する教材	LL 勉強法でつくった自作の 問題集（ルーズリーフの束）	第 3 章
減らす仕組み	記号による管理	第 3 章

● 計算科目・論述科目

		該当の章
主に使用する教材	既製の問題集	
減らす仕組み	記号による管理 （直接書き込み OR 一覧表）	第 3 章

● 共通

		該当の章
スケジュール管理	今日だけでもリスト	第 5 章
	インプットポイント	第 7 章
勉強時間の記録	使用するアプリ：StudyPlus 記録する単位：15 分	第 6 章
テキスト	シンプルな一色刷、二色刷	第 8 章
オススメの ボールペン	ジェットストリーム エナージジェルインフリー	第 8 章
その他オススメ	巨大カレンダー	第 8 章

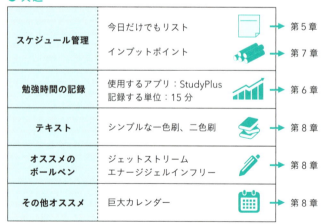

【参考文献】

・『「手で書くこと」が知性を引き出す　心を整え、思考を解き放つ新習慣「ジャーナリング」入門』吉田典生（著）文響社（2017）
・『ニコマコス倫理学（上）』アリストテレス（著）渡辺 邦夫（翻訳）光文社（2015）
・『ニコマコス倫理学（下）』アリストテレス（著）渡辺 邦夫(翻訳）光文社（2016）
・『一日一生』酒井雄哉（著）朝日新聞出版（2008）
・『続・一日一生』酒井雄哉（著）朝日新聞出版（2014）
・『ブッダの〈気づき〉の瞑想』ティク・ナット・ハン（著）山端 法玄（翻訳）島田 啓介（翻訳）新泉社（2011）
・『こころを洗う技術　思考がクリアになれば人生は思いのまま』草薙 龍瞬（著）SBクリエイティブ（2019）
・『暇と退屈の倫理学 増補新版』國分 功一郎（著）太田出版（2015）
・『疲労とはなにか すべてはウイルスが知っていた』近藤 一博（著）講談社（2023）
・『飽きる力』河本英夫（著）日本放送出版協会（2010）

今《いま》さらだけど、あらゆるムダを省《はぶ》いたら
最難関試験《さいなんかんしけん》に一発合格《いっぱつごうかく》した！
実践「捨てる勉強法」

2024年11月30日　初版発行

著　者……谷崎玄明《たにざきげんみょう》
発行者……塚田太郎
発行所……株式会社大和出版
東京都文京区音羽1-26-11　〒112-0013
電話　営業部03-5978-8121／編集部03-5978-8131
https://daiwashuppan.com
印刷所／製本所……日経印刷株式会社
装幀者……山之口正和（OKIKATA）
装画者……アボット奥谷

ISBN978-4-8047-6445-0